여자에게
여행이
필요할 때

진정한 나를 찾아가는 아주 특별한 여행의 기술

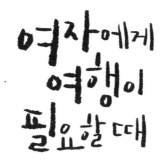

여자에게 여행이 필요할 때

조예은 지음

카시오페아
Cassiopeia

가장 훌륭한 시는 아직 씌어지지 않았다.
가장 아름다운 노래는 아직 불려지지 않았다.
최고의 날들은 아직 살지 않은 날들
가장 넓은 바다는 아직 항해되지 않았고
가장 먼 여행은 아직 끝나지 않았다.
불멸의 춤은 아직 추어지지 않았으며
가장 빛나는 별은 아직 발견되지 않은 별
무엇을 해야 할지 더 이상 알 수 없으면
그때 비로소 진정한 무언가를 할 수 있다.
어느 길로 가야 할지 더 이상 알 수 없을 때
그때가 비로소 진정한 여행의 시작이다.

_나짐 히크메트 〈진정한 여행〉

내 인생의 전성기는
매일매일 경신 중이다

삶이 바닥을 쳤을 때 여행은 시작되었다. 보이지 않는 내면의 발버둥. 즐기기 위해 떠난 것이 아니라 살기 위해 떠났다.

"미안하지만 더 이상 함께 일할 수 없어. 네 잘못은 아니야. 증권업계가 원래 이런 곳인걸."

취업한 지 일 년 만에 회사 사정을 이유로 강제해고를 당했다.

"회사에 놀러 온 줄 알아? 분위기 파악도 못하고 웃음이 나와?"

세상 물정 모르는 사회 초년생 시절, 사람들의 이기적인 말과 자기 방어적인 행동에 상처를 입기도 했다.

"외국계 금융회사면 페이가 나쁘진 않겠어요. 집은 어디고, 부모님은 뭐하시는지?"

진짜 사랑을 찾기 위해 뜨겁지만 금방 식어버리는 양은냄비식 연애를 수차례 반복했지만 허무함과 외로움만 더해갔다.

강제해고를 당한 뒤 꿈의 직장이라는 골드만삭스에 입사했다. 금융권에서도 최고의 스펙만 모아놓은 그곳을 업계에서는 '금 양말'이라고 부른다. 골드만삭스에서 나는 늘 인스턴트 만족감으로 행복을 대체하고 살았다. 아니, 인스턴트식 감정과 행복감을 헷갈렸다고 해야 정확할 것이다. '금 양말'을 신고 있으면 언젠가는 100%의 행복을 갖게 되리라는 보장 없는 계획 말이다. 그러나 '언젠가'로 기약 없이 미뤄졌던 행복한 미래는 지금의 나를 불행하게 만들었다. 직장 상사와 동료의 얼굴은 늘 긴장감으로 가득했고, 그들을 통해 금 양말을 신은 내 미래도 결코 순탄치 않을 것임을 예감했다. 생활 수준, 학력, 자존감이 초고층 빌딩같이 높은 사람들 사이에서 늘 행복한 척, 아는 척, 있는 척하느라 마음이 척박해져 갔고, 해결되지 않는 불안이 커졌다.

'내가 원했던 게 이런 것일까? 돈과 커리어로 보상받기 위해 아침부터 저녁 늦게까지 나를 포기하는 삶 속에서 어떻게 행복할 수 있지?'

인생의 슬럼프는 하루가 멀다고 습관적으로 찾아왔다. 더는 그대로 있을 수 없었다. 생존을 위해 변화가 필요하다고 느낀 스물여섯, 어디로 가든 상관없었다. 국경을 넘기도 하고 회사 앞이나 집 앞을 어슬렁거리기도 하며 마음 내키는 대로 떠돌아다니기 시작했다. 삶의 변화가 절실했던 나에게 깨달음은 조용히 밤의 어둠을 밝히는 여명처럼 길 위에서 서서히 다가왔다. 여행이란, 단순히 낯선 곳을 가는 것이 아니라 묵은 찌꺼기를 털어내고 비워진 자리에 새것을 채워 넣는 과정이다. 새것이란 사람이 될 수도 있고, 사물도 될 수 있고, 새로운 내 모습일 수도 있다. 중요한 사실은 비움과 채움의 반복을 통해 인간은 변화, 더 나아가 진화를 이뤄낸다는 점이다.

서른이 되던 2014년 1월 1일, 끊임없이 변화를 외치며 나 자신을 움직이게 했던 내면의 용감한 자아는 드디어 고백하고야 말았다. 골드만삭스라는 황금빛 명함과 10년 뒤의 넉넉한 삶에 대한 막연한 기대가 나 스스로를 속이고 옭아매는 원인이라는 사실을. 결국 미래를 위해 포기했던 '지금 이 순간'을 되찾기로 결심했다. 행복한 여자가 되기 위해 여행을 업으로 삼고 글로 그 삶을 기록해보기로 말이다.

사실 '이런 여자가 되고 싶다'는 생각은 계속 바뀌어왔다. 학생 시절에는 똑똑한 여자가 되고 싶었다. 취업 준비를 하면서는 강한 여자가 되고 싶었고, 결혼하고 싶은 파트너를 만났을 땐 좋은 여자가 되고 싶었다. 그러나 어떤 여자가 되고 싶다는 그동안의 바람은 세상과 타인의 입맛에 맞추려는 비겁한 목표에 불과했다.

여행이 일상이 되어버린 지금은 '나다운 여자'로 살아가는 것이 희망 사항이다. 때로는 과감하게, 한 번쯤은 미친 듯이, 언제나 당당하게! "내 속에서 솟아 나오려는 것, 바로 그것을 나는 살아보려고 했다"며 자신에게로 가는 길을 찾기 위해 방황을 멈추지 않았던《데미

안》의 주인공 싱클레어처럼 말이다. 나라는 존재가 변하기 위해 일상의 변화를 고민했으며, 일상의 변화를 위해 여행이라는 수단으로 환경부터 변화시켰다.

길 위의 만남은 금 양말을 신은 나와 이해관계를 맺으려고 하지 않았다. 사람 대 사람, 사람 대 자연, 사람 대 사물로서의 단순한 관계 그 이상도 그 이하도 아니었다. 요구하는 것도, 요구당하는 것도 없는 순수한 만남에서 소모적이지 않은 진짜 행복과 자기다운 삶을 배웠다. 세상이 제시한 조건 앞에서 우유부단하고 솔직하지 못했던 '사회생활용 자아'라는 허물은 여정 속에서 조금씩 벗겨져 나갔다. 허물을 벗어낸 또 다른 내 모습은 '나다운 여자'의 한 부분이었다. 세상의 이야기를 들으러 떠난 여행자는 내면의 이야기에 귀 기울이기 시작했다.

'예은아, 당장 눈에 보이지 않지만 돈과 스펙보다 중요한 가치들을 찾아봐. 명품가방과 구두로 널 치장하기보다 너만이 할 수 있는 경험으로 머리와 마음을 채워봐. 여행자의 느긋하고 관대한 마음으로 익숙해진 주변도 사랑해보는 거야.'

세상이야말로 그 어떤 교육과정보다 월등히 탁월한 인생학교이자, 지친 나를 동기 부여해주는 진정한 벗이었다.

결국 여행을 좋아하는, 그리고 여행을 통해 인생을 진화하는 중인 한 여자는 이 땅의 수많은 여자들을 위해 솔직담백한 여행 뒷이야기를 엮었다. 밥벌이와 세상에 겁먹어서 떠나지 못할 이유도 없지만,

거창하게 떠난다고 해도 인생에서 크게 달라질 바 없는 여행의 아이러니함을 전하기 위해서다. 자기답게 살고 싶어 하는 그녀들에게 당장 실천 가능하고 가장 효과적인 생존법은 바로 여행자의 마음으로 삶을 대하는 것임을 알려주고 싶었다. '때로는 과감하게, 한 번쯤은 미친 듯이, 언제나 당당하게!'를 인생을 변화시키는 주문으로 외쳐보자고 말이다.

여행자는 세상을 비추는 거대한 유리창 앞에 서 있다. 창 너머 낯선 세계를 보고 있다고 생각하지만 우리가 보고 있는 것은 거울이고, 여행자는 그 거울을 통해 자기 자신의 모습을 본다. 길 위에서 버리고 채우고를 반복하며 내면이 맑게 정화되어갈 때, 비로소 유리창은 거울이라는 제 모습을 드러낸다. 여행이란, 세상을 보여주던 유리창이 나를 비추는 거울이었음을 깨달아가는 자기수련과도 같다.

아침부터 눈이 내린다. 겨울의 본격적인 시작을 알리는 첫눈이다. 어느새 이 책을 기획하고 집필한 지 세 계절이나 흐른 것이다. 덕지덕지 붙어 있는 간판, 회색의 고층빌딩, 벌거벗은 나무들까지 케이크 위 슈거파우더 같은 눈송이들로 뒤덮인 설국을 보고 있자니 시간이 흘렀음을 실감하게 된다. 매년 보는 눈이지만 매번 볼 때마다 특별하다. 아마 눈을 받아들이는 나 자신이 해를 거듭하며 끊임없이 변화하고 있기 때문일 것이다. 세상에 대한 '앎'이 확장됨에 따라 내 '삶'의 폭도 그만큼 넓어졌다. 여자는 나이를 먹는 것이 아니라 경험이 주는 매력을 먹는 존재다.

눈발로 꽉 차 희뿌옇게 변한 하늘은 익숙한 베란다 밖 풍경도 낯선 초현실주의적 이미지로 만들었다. 잠시 세상과 단절되어 나만의 첫눈 맞이 순간에 몰입한다. 문득 유학 시절 영국인 친구와 함께 추운 겨울날 줄곧 마시던 따뜻한 밀크티가 떠올랐다. 포근해 보이는 눈송이를 닮은 우유를 넣고 홍차를 준비하기 시작했다. 거기에 몇 년 전 무한 반복하며 들었던 노라 존스의 〈Baby it's cold outside〉까지 떠오른다. 노래를 찾아 재생 버튼을 누른 후, 김 나는 홍차에 새하얀 우유를 붓는다. 2015년의 첫눈은 이렇게 여행 속 기억 조각들이 퍼즐을 맞추며 특별한 감각들과 함께 다시 기록된다. 거기다 이 책의 프롤로그까지 쓰고 있으니 지금 이 순간보다 좋을 순 없으리라.

세상을 자기 자신을 돌아보는 거울로 삼게 된 지금, 이제 내 인생의 전성기는 생활여행가로 살아가는 매일매일이며 그 기록은 매 순간 경신되고 있다.

Part 001 인생에
한 번은 여행이
필요한
순간이 온다

'모두' 간다고들 하지만
왜 정작 '나'는
아직도 여기 있을까?

여행은 언제나 돈의 문제가 아니고 용기의 문제다.
_파울로 코엘료

하루 24시간도 모자란다며 시간과 사투를 벌이는 여자들에게 바쁜 삶은 당연하다 못해 잠시의 한가함도 불안하게 만든다.

어떤 평범한 한 주를 살펴보자. 월요일부터 금요일까지 꽉 찬 일과에 몸을 맞추느라 정신이 없다. 툭하면 야근하기 일쑤고, 야근을 하지 않는 저녁은 회식하랴 운동하랴 친구 만나랴 바쁘기는 마찬가지다. 주말엔 늦잠 자다가 술 한 잔 즐기다 보면 LTE급으로 지나가 버린다. 해야 할 일들에 치여 억울한 현대인의 일주일 패턴은 보나 마나 뻔하고 보란 듯이 뻔뻔하게 흘러간다. 문득 익숙한 일상에서 벗어나고 싶다는 생각이 들기도 한다. 남들과 똑같이 평범하게 살다가 늙어 죽는 건 아닐까? 자신만을 위한 특별한 뭔가가 간절해진다.

답답한 마음에 손안의 스마트폰을 뒤적인다. 포털 사이트 여기저기서 일상에서 벗어나라고 유혹하는 광고를 발견한다. 그래, 잠시나마 지긋지긋한 것들로부터 멀어질 수 있는 방법은 여행이다. 당장에라도 떠나야만 할 것 같은 파격적인 가격, 가슴 뛰게 하는 이국적인 사진과 도시 이름들까지. 이제 손가락 몇 번만 누르면 예약은 완료될 것이다. 하지만 결정적인 순간, 예약 마지막 페이지의 '확인' 버튼을 망설이게 하는 생각 덩어리들이 하나둘씩 머릿속에 떠오른다.

'혼자 가긴 좀 그런데 누구한테 같이 가자고 할까? 다들 바쁠 텐데 일정은 언제 맞추지?'

'아참, 카드 할부 값이 아직 한참 남았는데.'

'회사에는 뭐라고 하지? 과장님이랑 부장님도 아직 올해 휴가내기 전인데.'

늘 이렇다. 스스로를 위한 선택을 하려는 결정적인 순간, 우리를 붙잡는 건 해야 할 일 목록과 온갖 두려운 감정이다. 떠나고 싶은 마음이 간절하지만 주어진 현실을 무시할 수만은 없다. 치열한 도시문명에 적응하고 사느라 소심하고 까탈스러워진 우리들. 주변에 밀리지 않고 보란 듯이 잘 먹고 잘 살고 싶은 욕망은 자유를 향한 본능을 억누른다. 과연 언제쯤 돼서야 마음껏 떠날 수 있는 걸까? 자유로운 인생은 언제까지 유보해야 할까?

현대인과 가장 친한 홈 메이트, TV에는 여행을 테마로 하는 방송이 넘쳐난다. TV 시청은 국경을 넘는 경험을 할 수 있는 가장 쉬운 방법이다. 훤칠하고 예쁜 연예인이 우리가 꿈꿔왔던 '그곳'을 여행하며 먹고 싶은 것을 실컷 먹고 가고 싶은 곳도 마음 가는 대로 간다. 그들의 일정은 현실보다 이상에 가깝고, 기가 막히게 낭만적인 비주얼이다. 팍팍한 현실에서 자기방어용 웅크리기에 익숙한 우리는 잠시나마 TV 속 여행자들을 보며 대리만족한다. 그들의 자유분방하고 감성 충만한 여행 이야기에는 세상살이에 대한 걱정 하나 느껴지지 않는다. 밥벌이를 해내느라 늘 있던 자리에서 버티고 있는 시청자와는 전혀 공감될 수 없다.

판타지에 가까운 여행 프로그램에서 벗어나 현실로 돌아온 나를 기다리는 건 맞이하고 싶지 않은 다음 날 아침이다. 결국 '딴 세상 사람들 얘기일 뿐이지'라는 결론을 내린다. 내일은 내일의 치열한 태양이 다시 뜰 테니까. 우리는 그렇게 떠나고 싶은 욕구를 TV 속의 이국적인 이미지와 방송인들의 체험으로 대신하고 산다.

TV 여행 프로그램보다 더 잔인한 건 서점의 여행 코너다. 유라시아를 자전거로 누비고, 아마존에서 마라톤을 하고, 단돈 80만 원으로 세계 일주를 하고, 가진 전부였던 전세금을 탈탈 털어 일 년 동안 세계의 도시를 누볐다고 한다. 대체 같은 한국 사람이 맞는지, 여자로서 일도 결혼도 미루고 살 수 있는지 싶다. 일반인들이 감히 쉽게 도전할 수 없는 강철 같은 용기를 지닌 어느 여행가들의 영웅담이다.

보는 사람의 눈을 의심케 하는 겁 없는 여행기는 여행에 다가가기 어렵게 만든다. 다른 사람보다 더 멋지게, 더 즐겁게, 더 용감하게……. 타인과 비교하는 사회적 동물의 습성은 여기서도 드러난다. 마치 모든 것을 다 버리고 떠나야 진정으로 떠나는 것인 양.

하지만 밥벌이와 사투 중인 수많은 평범한 이들에게 그런 여행은 상상 속 유토피아일 뿐이다. 특히 여자라면 유토피아와 현실의 간극은 더욱 멀다. 남자보다 감성적인 그녀들은 영화 같은 여행을 마음 한구석에서 동경해왔다. 하지만 사회인으로서, 딸로서, 엄마로서 살아가려면 몸과 마음은 언제나 따로 놀 수밖에 없다. 사회적 삶에 익숙해진 그녀들은 본능적인 감정을 억누른다. '자유? 나에겐 사치야', '세계여행? 당장의 일자리와 월급이 더 급해'라며 자신이 해야 할 일을 자신보다 먼저 챙긴다.

평범한 사람은 여행가처럼 자유를 느끼며 마음껏 유랑할 수는 없는 걸까? 공항엔 해외여행자들로 넘쳐난다는데 정작 나는 왜 아직 떠나지 않고 여기에 있는 걸까?

여행으로 삶을 바꾼 내 대답은 "충분히 가능하다"이다. 방법은 간단하다. 첫째, 돈과 시간을 지불하고 떠났으니 무언가 결실을 얻고 돌아와야 한다는 부담을 버리면 된다. 둘째, 낯선 환경에 대한 두려움 그 자체를 여행의 초기 과정이라 생각하고 담담하게 받아들인다. 셋째, 혼자라서, 경제적으로 넉넉하지 않아서, 회사에서 내 자리가 불안해서라는 이유로 처한 상황의 모든 것을 죄다 만족시키려고 애쓰지 말아야 한다. 한 번의 여행으로 사회에서 내가 설 자리가 작아지는 것도 아니고, 영원히 방랑자로 살 것도 아니기 때문이다. 오늘의 떠남은 인생의 수많은 쉼표 중 하나일 뿐이다.

대학 졸업반 시절, 작은 프랑스 회사의 인턴으로 첫 업무 경험을 시작했다. 150만 원가량 되는 인턴 월급에서 언제나 100만 원 이상 되는 돈을 적금으로 부었다. 안정을 최우선으로 여기는 부모님의 반강제적인 조언과 나 자신도 돈을 모으지 않으면 미래가 보장되지 않을 거라는 두려움으로 월급은 고스란히 은행의 손에 들어갔다.

인턴 6개월째, 정규직 전환과 동시에 여기는 내가 있을 곳이 아니라는 직감이 들었다. 통장에 쌓은 적지 않은 돈 외에 남은 거라곤 눈칫밥 먹으며 업무환경에 적응하려 발버둥 쳤던 기억뿐이다. 차츰 익숙해져 가는 생활패턴에서 돈을 벌고 모으고를 반복할 것인가, 아니면 삶에 작은 변화를 줄 것인가 하는 고민에 빠졌고, 결국 6개월 동안 은행에 헌납한 적금을 깼다. 인턴 월급으로 지른 프랑스행 비행기표와 함께 일주일 동안 나 자신에게 삶을 재정비할 기회를 선물한 것이다.

나름 큰 도발이었던 첫 여행을 마친 사회 초년생에게 세상은 휴가에 대한 보상을 요구하지 않았다. 사무실 책상을 기준으로 달라진 것은 없었으며, 잠깐의 휴식을 통해 전보다 의욕적으로 일상에 돌아갈 수 있었다. 내 삶에 대한 책임이 나에게 있듯이, 선택권 역시 나 자신에게 있음을 깨달았다. 시작이 반이라고, 용기를 낸 첫 도발은 그다음 여행을 더 쉽게 진행하는 힘이 되었다. 그렇게 여행은 나에게 기력을 보충하고 허기를 달래는 '밥' 같은 존재가 되었다.

평범한 우리에게는 떠날 권리가 있다. 단지 먹고사는 데 열중하느라 이 사실을 잊고 있었을 뿐이다. 부담감이라는 씨앗에서 싹트고 자라난 두려움 때문에 여행할 권리마저 포기해버리고 마는 여자들이여, 부디 명심하시길. 여행이란 돌아올 수 있기 때문에 떠날 수도 있는 것이다. 부담은 잊고 이 한 가지 사실만 기억하며 용기를 낸다면, 여행의 절반은 준비된 것이나 다름없다.

세계적인 여행가인 빌 브라이슨은 세계 곳곳을 다니며 재치 있고 도발적인 여행기를 쓰기로 유명하다. 1990년대 유럽의 동서남북을 한창 떠돌던 그의 마지막 종착지는 바로 터키였다. 유럽의 끝자락에서 그의 반대편에 펼쳐진 것은 아시아였다. 계속 여행하고 싶다는 충동이 일었음에도 그는 서슴없이 발길을 멈춘다. 몇 달의 긴 여정을 지나온 그에겐 당장 여행에 대한 욕구보다 돌아가서 다시 마주하게 될 소중한 일상이 더욱 간절했다. 사랑하는 아내와 아빠를 그리워하는 아이들, 가장으로서 해야 할 일들. 그는 '돌아갈 준비'가 되었다고 말한다. 《빌 브라이슨 발칙한 유럽산책》에서 그는 여행가이기 전에 그저 평범한 한 사람으로서 안정감 있는 목소리로 마지막 페이지를 마무리한다.

"여행이란 어차피 집으로 향하는 길이니까."

여행을 업으로 삼은 빌 브라이슨에게도 여행은 삶의 부분이었으며, 본질로 돌아오는 여정이었다.

다시 내 자리로 돌아올 것을 알기에 어디론가 떠날 수 있는 우리는 오히려 감사해야 할지도 모른다. 새로운 것에 도전할 때면 부담감은 늘 따라다녔다. 낯섦에 대한 두려운 감정을 이겨내고 지금까지 무사히 세상을 헤쳐나갈 수 있었던 것은 보이지 않지만 강인한 힘을 발휘해준 내 안의 숨은 용기 덕분이 아닐까? 지금까지 가져왔던 여행에 대한 편견을 하나씩 정리할 때다. 거창하게 떠날 필요 없다. 지극히 주관적인 나만의 경험과 여행을 위해 세상사에 쿨해질 줄 아는 용기만 있으면 된다.

여자의 인생에 때가 있듯, 여행에도 때가 중요한 법이다

인생은 짧고 세상은 넓다. 그러므로 세상탐험은 빨리 시작하는 것이 좋다.
_사이언 데이븐

"이제 좀 쉴 때도 되지 않았어요? 어디 가까운 데라도 여행 다녀와요."

"에효, 그렇지? 제주도라도 가면 좋겠는데."

"제주도 가고 싶다고 한 지 일 년이 다 되어 가는데 지금이라도 얼른 가요."

"그러게, 언제쯤 갈 수 있으려나? 이제 혼자가 아니라서. 신랑 스케줄도 봐야 하고 여윳돈도 준비해야 하고……."

"언니, 그러다 때 놓치고 올해도 못 가고 집에만 있겠어요."

증권회사 막내였을 때 한 선배와 책상에서 늘 나눴던 이야기다. 여행을 제2의 업으로 삼은 것처럼 틈만 나면 떠났던 나, 일하랴 살림하랴 늘 바쁘게 살아온 그녀. 결국 내가 회사를 그만둘 때까지 그 선배에게서 제주도 여행 이야기는 듣지 못했다.

누구나 한 번쯤 '시간이 없어서'라는 이유로 무언가를 미뤄본 적이 있을 것이다. 최근 '시간 빈곤(Time Poor)'이라는 현상에 대해 다룬 시사 프로그램이 방영된 적이 있다. 미국 레비경제연구소에서 제시한 시간 빈곤이란 개념은 일주일, 즉 168시간 중에 가사, 육아와 같은 생존에 필요한 시간을 제외한 남은 시간이 주당 근로 시간보다 적을 경우를 뜻한다. 우리나라의 경우, 2014년 11월 한국고용정보원과 레비경제연구소의 한 연구에서 전체 노동인구의 42%가 시간 빈곤을 겪는 중이고, 이 중 56%가 여자라는 결과가 나왔다. 적잖은 비율의 대한민국 여자들이 시간 빈곤에 시달리고 삶을 즐길 여유가 줄어들고 있다.

기성세대들은 여자의 인생에 '때'가 중요하다고들 한다. 남자보다 나이에 민감해서일까? 일반적으로 여자에겐 일에도 때가 있으며, 대학원 공부나 유학에도 때가 있고, 한창 아름답게 가꾸는 것도 때가 있으며, 무엇보다도 결혼에 적절한 때가 있다고, 세상은 그녀들에게 사회적 틀에 맞춰 살길 재촉한다. 그렇게 몰려오는 일에 허덕이고 연애에 웃고 울며 서른을 넘기다 보면, 세상살이에 눈치 보느라 정작나를 돌볼 기회는 적어지고 소심해져 갈 뿐이다. 유일한 낙이라면 쇼

평과 운동, 친구들과의 술자리뿐인, 때를 잊은 또래의 그녀들을 사회에서 많이 보아왔다.

하지만 다녀온 티 팍팍 날 정도로 까맣게 그을려 돌아온 지인, 주말이나 휴가에 다녀온 여행지 이야기를 하는 직장 동료들 사이에서 '나도 훌쩍 떠나고 싶다'는 생각이 드는 건 어쩔 수 없다. 사회생활을 하는 사람이라면 일상에서 권태를 느낄 때마다 지겨운 일상을 벗어나 이국적인 장소에서 느끼는 여유가 그립기 마련이다. 변화를 꿈꾸는 인간의 본능이다.

그런데 우리는 아직도 그 '때'를 망설이면서 자신을 합리화한다. '지금은 시간이 없어서', '조금만 지나면 괜찮아질 테니까'라는 온갖 이유로 떠나고 싶은 욕망을 기약 없이 미루고 또 미룬다. 그러나 그 이유는 세상에 타협하기 위한 핑계에 불과하다. 더 이상 주위의 시선, 회사에 인생을 묻지 말아야 한다. 지금의 행복을 미래에 반드시 보장받는다는 법은 없으니까.

여행은 돈 좀 있고, 시간 여유 있고, 가사와 육아의 부담이 없는 특별한 누군가에게만 해당되는 건 결코 아니다. 제아무리 시간 빈곤을 겪는다 할지라도 기회란 있다. 여행은 순전히 '타이밍'에 맞춰 '선택'하는 데 달려 있기 때문이다.

"Now or Never(지금 아니면 영영 불가능해)!"

선택이라는 까다로운 녀석은 자기 결단력과 타이밍의 궁합이 맞았을 때, 원했던 긍정적인 결과를 가져온다. 지금 내 마음이 간절하게 원한다면 알 수 없는 미래의 그때로 미룰 필요가 있을까? 나만을 위한 여가에 투자할 때는 더욱 그렇다. 뭐든지 간절할 때, 감정이 충만할 때 행동으로 옮겨야 감동도 최고조로 느낄 수 있다.

서른을 갓 넘긴 한 여자에게 20대 내내 꿈꾸어왔던 선망의 나라 이탈리아가 있다. 당장 결혼자금도 마련해야 하고, 회사에서 신입 딱지 떼기까지는 폭풍 업무와 야근을 해야 하므로 이탈리아 여행을 5년 뒤로 미룬다고 하자. 5년이라는 세월이 지나고 그간 쌓인 경력 연차와 조금 넉넉해진 지갑을 가지고 꿈의 여행지에 갔을 때, 과연 그 여행이 30살의 여행과 같을까? 세월과 함께 변한 그녀는 전혀 다른 이탈리아 여행을 하고 있을 것이다.

멋모르고 갔던 프랑스 어학연수 시절, 21살의 나에게 파리는 쇼핑과 미식의 도시였다. 도착하자마자 한국인 유학생들을 따라갔던 루브르 박물관이 그나마 2년 동안 살면서 가본 유일한 파리의 유적지였다. 그것도 모나리자 구경을 목표로 단 2시간 만에 루브르 산책을 끝냈다. 모나리자보다 모나리자 주변을 둘러싼 관광객들의 뒤통수가 더욱 기억나는 건 당시 내 여행 내공과 인문학적 지식이 부족했던 탓이다. 그 후 프랑스 문화에 빠져 여러 번 프랑스를 여행했고, 다른 갤러리나 박물관을 갈 때마다 루브르에 대한 미련은 마음속에 부끄러운 꼬리표가 되어 따라다녔다.

'프랑스에 살았어도, 프랑스에 수없이 다녀왔어도 세계 제일의 박물관도 안 가본 여자.'

파리행 비행기에 오를 때마다, 지하철 노선도에서 루브르 역을 눈으로 마주칠 때마다, 루브르에 대한 기사를 읽을 때마다 다짐하고 다짐했다.

'언젠간 다시 루브르에 가서 다른 작품의 실물도 눈으로 직접 담아오겠어!'

파리 최고 중심가 1구에 위치한 루브르 박물관 앞을 수없이 왔다 갔다 했고, 걸어서 5분 거리에 있는 호텔에서 3일 동안 머문 적도 있다. 그러나 루브르를 지나치는 나에겐 음식으로 든든하게 부른 배와 손에 든 쇼핑백만 있었을 뿐, 모나리자 외에 다른 작품들을 만나보겠다는 '때'는 10년이 지난 지금까지 찾아오지 않았다. 시간이 흐르면 세상도 당연히 변하듯이, 과거가 아닌 지금 내 상황에 맞는 새로운 우선순위와 선호하는 바가 생겼기 때문이다.

지금 내가 글을 쓰는 2015년과 미래의 2020년은 나도 세상도 완전히 달라졌을 것이다. 그만큼 지금이 아니면 나중엔 만날 수 없는 행복이 있다. 핑계로 미뤄둔, 당장 절실했던 자유와 즐거움이 어쩌면 미래에 오지 않을 수도 있고 전혀 다른 감정으로 다가올 수도 있다. 여행은 선택하기에 달려 있다. 선택을 미루기 전에 일상의 모든 크고 작은 일들을 처리하느라, 남의 시선에 신경 쓰느라, 회사와 가족에 의지하느라 내가 진정 누구인지 잊고 살지는 않았는지 생각해보라.

지금까지 내가 선택했던 것들은 온전히 내 결정이었을까? 아니면 주변의 의사가 반영된 모두의 결정이었을까? 여행을 통해 인생의 변화를 꿈꾸는 여자들에게 지금 필요한 것은 '미루지 않고 행동하는 결심'이다. 프랑스 가수 자크 브렐이 "빌보르데(벨기에 브뤼셀 북부에 있는 소도시)에 살면서 홍콩에 가서 머물고 싶은 사람에게 가장 어려운 일은 홍콩에 가는 것이 아니라 빌보르데를 떠나는 일이다"라는 말을 남긴 것처럼, 변화하려면 결심이 필요하다. 지금 어떤 이유에서건 남들보다 조금 더 빡빡하게 산다거나 조금 앞선다고 해서 반드시 멀리 갈 수 있는 건 아니다. 혹여 멀리 갔더라도 포기해버린 그때에만 누릴 수 있는 순간의 행복은 상실한 채 산다고 봐야 한다.

명확하지 않은 미래의 언젠가로 미루기보다 당장 즐거움을 누릴 수 있는 플랜 B를 고민해보자. 결혼 전 싱글 여성이라면 조금이나마 가사와 육아의 부담이 없는 지금 떠나보는 게 어떨까? 기혼 여성이라면 '아이들이 다 크면'이라는 언젠가의 미래로 지금 떠나고 싶은 욕구를 미루지 않는 것이 삶의 균형을 위해 좋을 것이다. 평화롭고 모든 것이 안정되리라 믿는 미래의 언젠가도 결국 '지금'이라는 순간들로 이루어진다는 건 불변의 법칙이다.

멀리 간다고 해서, 오랫동안 떠난다고 해서 더 여행다울 거라는 생각은 버려라. 현재 주어진 상황에서 가능한 만큼만 떠나고 즐기면 된다. 전문여행가가 아닌 우리에겐 삶과 균형을 맞출 절충된 여행이 필요하다. 회사를 때려치우고 집을 팔아 떠나는 세계 일주를 그림의 떡처럼 바라보며 여행을 꿈꾼다면, 또 하나의 스트레스가 될 뿐이다.

처리할 일이 많아 시간 내기가 어렵다면, 시간을 쪼개서 우선순위를 두자. 여행 일정을 준비하는 시간과 여행의 자리를 마련하기 위해 하루, 일주일 단위로 각각 우선순위를 만들어보자. 우선순위를 두지 않고 모두 처리하겠다는 마음으론 절대 나만의 시간을 만들 수 없다. 한 시간 단위로 한 가지에 집중하고, 다른 시간 단위로 옮겼을 때 그 이외의 것들은 미련을 두지 않는 것이 좋다. 만끽하고 싶었던 자유를 향해 떠나기 쉬운 간단한 여행에서부터 시작해보자.

여행은 나답게 사는 인생을 보여주는 메타포다. 주변 모든 사람을 만족시키고 업무도 잘해내는 '좋은 사람' 강박증을 조금은 느슨하게 하고, 지금의 행복을 나중으로 미루지 말자. 가끔은 내 인생을 위해 이기적이어도 된다. 하던 일을 멈추고 떠나는 여행이 위험한 발상일지도 모른다고? 하고 싶은 것이 해야 하는 것에 밀려 인생 전체가 정체되어 있는 지금이 더욱 위험하다는 사실을 잊지 마라. 지금 아니면 기회는 영원히 안녕일지 모른다!

휴식은
게으름이 아니라
엄연한 자기계발이다

너무 걱정하지 마, 네가 여기서 시간을 보내는 동안 다른
사람들이 너보다 높아졌다면, 넌 그들보다 더 넓어지고 있
으니까.

_김동영 《너도 떠나보면 나를 알게 될 거야》 중에서

요즘은 공부나 일도 열심히 하고 놀기도 잘해야 한
단다. 뭐든 적당히 할 줄 알아야 인정받는 세상에서 다재다능한 사람
이 많다지만, 제아무리 멀티 인간이라도 생체 밸런스가 깨지기 시작
하면 지치기 마련이다. 한 학기 동안 스펙을 쌓기 위해 코피 터지게
학점 관리에 올인하고, 매 분기마다 인사 고과를 위해 달린다. 한 주,
그리고 또 한 주, 한 달, 그리고 또 다른 한 달. 어느새 시간은 무심하
리만큼 훌쩍 지나 있고, 남은 건 정점을 찍은 스트레스와 피로, 다크
서클뿐이다. 그러나 우리 사회는 지친 나를 위로하는 휴식을 터무니

없이 저평가한다. 경쟁구도 속에서 쉰다는 건 '게으르다' 혹은 '나태하다'는 의미였다.

첫 직장이었던 호주 증권회사에서 겪은 신선한 문화충격 중 하나는 휴식에 대한 외국인들의 사고방식이었다. 소위 꿈의 직장에 다닌다는 증권맨들은 이른 새벽부터 늦은 밤까지 고객관리와 업무에 매달려야 하고, 주가에 따라 스트레스 지수가 함께 왔다 갔다 한다. 두둑한 월급엔 높은 업무 강도라는 대가가 따르는 법이다. 개인의 실적으로 평가하는 냉정한 조직시스템에서 맡은 일에 대한 책임도 크다.

업계에서 프로라 불리는 상사들이 소중히 여기는 것은 바로 자신의 '휴가'였다. 늦은 봄부터 그들은 여름 휴가 계획을 세우고 서로 일정을 맞추기 위해 상의하기 시작한다. 비행기 표와 숙박 예약은 몇 달 전 이미 끝낸 상태다. 꼬사무이 낚시 여행, 이탈리아 남부 여행, 미국 부모님 댁 들르기, 하와이 여행까지 그들의 휴가지는 여행가 못지않게 다국적이다. 열심히 일한 자신을 위한 당연한 보상이라는 듯 일주일에서 열흘씩 휴식기를 가진다. "휴가로 부재중이니 동료에게 상의하라"는 자동메일을 설정한 채 철저히 업무와 단절하고 2주 뒤, 건강하게 그은 피부로 돌아오는 사람들. 밝은 미소와 함께 에너지를 재충전해온다.

"예니(Yenny, 내 사내 닉네임), 뭐 좋은 휴가계획 없어?"

그들은 막내에게도 동등한 휴가권을 주었다. 아무 데도 가지 않고 밥벌이를 지키느라 바쁜 한국인 직원들이 오히려 게을러 보일 정도였다. 일도 개인적인 삶도 공평하게 투자로 여기며 인생을 당당히 즐기는 분위기에서 나는 눈치 보지 않고 자연스럽게 때가 되면 비행기 표를 예매하게 되었다. 활기찬 월요일을 위해 주말은 당일치기 여행, 자전거 타기, 한강 피크닉 같은 이벤트로 채웠다. 매주 금요일 아침이면 미소와 함께 서로에게 주문을 걸었다.

"TGIF(Thank God It's Friday, '고마워라 금요일이다'라는 뜻으로 주말의 해방감을 나타냄)!"

최고의 스펙 인생을 사는 증권가 사람들에게 배운 인생의 교훈 하나는 휴식을 미래를 위한 중요한 투자로 본다는 점이다. 열심히 공부하고 일해서 잘 먹고 잘 살아야 한다고 20여 년 동안 배우고 앞만 보며 달려온 나에게 우리 부모님 세대와 다른 '휴가'의 개념을 보여주었다. 인생 전체를 위해 휴식은 하나의 건강비결이었다.

반면 단기간에 고성장을 일궈온 우리에겐 늘 '휴식은 배부른 소리'라는 불안감이 자리 잡고 있다. 의무적인 연 휴가 일수는 정해져 있지만 꼬박꼬박 다 써가며 휴가를 누리는 사람은 많지 않다. 남들이 원하는 삶이 곧 내가 원하는 삶이라 여기기에 숨통 막히는 일상을 그대로 받아들인다. 마치 코르셋을 입고 숨을 헐떡거리는, 개미허리를 한 중세시대의 여인 같달까?

코르셋을 입은 여인의 허리 곡선은 보호본능을 부르는 가냘픔과 섹시함을 갖고 있어 겉보기엔 맵시가 나지만 평생 착용하기는 어렵다. 이유는 단순하다. 살 수가 없기 때문이다. 혈액순환과 척추 건강에 이상이 오면서 원래 있던 생기마저 잃게 한다. 지금 우리는 눈 가리고 아웅 식의 보이는 인생만을 추구하는 '코르셋 인생'을 살고 있는 건 아닐까? 숨통을 트여주지 않으면 결국 호흡곤란이 오게 되어 있다.

'단 하루만…… 전부 내려놓고 쉬고 싶다.'

우리는 반복되는 일상에서 자주 느끼곤 하는 휴식을 향한 갈망을 단지 충동이라 여기며 대수롭지 않게 넘겨버린다. 이성과 감정 사이의 갈등에서 마지막 교통정리는 현실적인 이성의 몫이 되어버리는 것은 그만큼 마음에 긴장이 자리 잡고 있다는 의미다. 마치 회사의 모든 일을 다 떠맡은 것 마냥 자리를 비우면 일이 터지거나 내 자리가 사라질 것 같은 기분은 제대로 잘못 짚은 착각이다. 나 없이도 잘 돌아가는 게 회사라는 조직이다. 극도로 이성적일 수밖에 없는 현실과 현실을 버티며 살아가는 나에게 평생 여정을 위해 지금 필요한 것은 의식의 변화다. 일과 쉼의 유기적 관계, 휴가를 바라보는 새로운 눈을 가져야 산다.

대학 시절 꿈꿔온 커리어 우먼의 모습과 점점 멀어져가는 내 모습에서 오는 괴리감을 가슴에 숨기고 서른을 기점으로 수많은 갈등을 겪는 여자들. 익숙한 일상이 싫지만 딱히 변화하는 방법을 찾지 못해 갈팡질팡하며 가슴앓이하는 그녀들에게 해결책은 무엇일까? '회사 그만두고 하고 싶은 공부해', '이직은 어때', '얼른 결혼해서 안정을 찾아'라는 식의 당장 실천하기 힘든 남 얘기 같은 제안은 빼주시길.

알랭 드 보통의 말을 빌려 "먹고사는 문제에 제약받지 않는 삶을 체험해보는 것"을 제안하고 싶다. 일상과 잠시 거리를 두는 여행을 떠나 삶의 속도를 스스로 늦추는 능동적인 행위, 즉 휴식으로 잠시나마 코르셋을 벗고 해방감을 맛보는 것이다.

전문여행가가 아니더라도 충분하다. 매일 걷는 출근길, 사무실, 익숙한 지인들의 얼굴을 잠시 잊고 환경을 전환하는 일은 비슷한 고민과 고통을 겪는 그녀들에게 나답게 살 수 있는 보물 같은 지혜를 발견하게끔 도와줄 것이다.

삶을 단순하게 정리할 수 있다

도시 문명인에게 '해야 할 일'은 끝이 없다. 모든 사람과 환경이 긴밀히 연결되어 있는 만큼 관계는 부담일 때가 많다. 그렇다고 관계를 가위로 실 끊듯 간단히 정리하기도 부담 가기는 매한가지다. 모조리 끌어안고 살기도, 정리하기도 스트레스인 일상을 버리지 않고 그저 잠시 떠나보자. 내 발목을 잡고 있던 스마트폰은 잠시 멀리한다. 서울 시내의 공원이나 산책로, 혹은 외국의 어느 도시든 장소는 크게 상관없다. 나에게 여유로움을 느끼게 해주는 곳이면 된다.

낯선 장소에서 나를 이방인으로 만드는 일은 환경에 적응하는 데 꽤 많은 집중을 필요로 할 것이다. 그 순간만은 평소에 생각했던 수많은 골칫거리 가운데 진짜 중요한 것만 남기고 나머지는 자연스레 잊게 된다. 사소한 생각들을 가지치기하면 새로운 생각과 긍정적 에너지가 들어올 여유가 생긴다. 창작의 고통으로 끊임없이 고민했던 괴테, 헨리 밀러, 알랭 드 보통, 무라카미 하루키와 같은 위대한 문인들도 자신을 되돌아보며 위안과 영감을 받기 위해 택한 것이 여행이었다. 삶을 단순화하는 과정마저 즐기기에 여행만 한 게 없다.

생각보다 느낌에 충실해질 기회다

낯선 장소에선 어느 하나 익숙한 것이 없다. 눈에 들어오는 신기한 풍경, 손으로 느껴지는 새로운 대상의 촉감, 처음 접하는 맛과 냄새. 익숙한 생활패턴으로 무뎌져 버린 감각들이 살아난다. 익숙하지 않은 환경은 우리에게 긍정적인 긴장감을 적당히 선사한다. 머리가 아닌 온몸으로 세상을 느끼며 살아 있음을 깨닫는다. 그래서일까? 여행지에서 우리는 평소보다 감정 표현에 솔직하고, 느낌에 충실한 순간들로부터 자유를 맛본다. 머리끝까지 차올랐던 스트레스는 해방된 기분과 함께 날아간다. 어디에서 얼마나 오래 머무느냐와 상관없이 여행은 그 자체만으로 자기 치유가 된다.

다만 휴식으로 여행을 대할 때 주의할 점이 있다. 나를 위로하기 위한 '쉼'이 스트레스가 될 수 있기 때문이다. 《휴식》의 저자인 과학 저널리스트 울리히 슈나벨은 휴식에 대한 우리들의 일반적인 오해를 다음과 같이 설명한다.

"일상으로부터 탈출해야 하며 그러기 위해 돈이 있어야 한다는 오해다. 멀리 떨어진 휴양지로 떠나 고급호텔에 투숙하고 마사지를 받는다고 오래 묵어 찌들어버린 스트레스가 해소될까? 떠나기 한 달 전부터 돌아오는 날까지 돈 걱정, 일정 걱정, 음식 걱정의 연속이다."

각종 미디어에 공개되는 스타들의 휴가 모습과 과거부터 품어온 여행에 대한 환상 때문에 "여행의 질과 물질적인 조건은 비례한나"는 오해가 빈번히 생기곤 한다. 잘못된 환상은 쉬고 싶은 욕구를 돈만 있으면 해소할 수 있는 것처럼 보이게 하고, 돈이 없으면 휴가조차 가지 못한다는 부담을 안겨준다. 심신을 달래줄 사적인 시간마저 '이렇게 해야 한다'는 보여주기식 방식에 구속당하는 꼴이다.

더 지치기 전에 고민하는 데 에너지를 낭비하지 말자. 가벼운 마음으로 일상의 규칙적인 패턴에서 잠시 벗어나 보라. 끊임없이 흔들리고 상처받는 여자들이여, 괜찮은 척은 더 이상 그만해도 좋다. 사회에서 롱런하는 여자가 되고 싶다고? 그렇다면 인생의 템포를 주체적으로 조절할 줄도 알아야 한다. 삶에 대한 열정이라는 명분 아래 깊이 감춰져 있던 진짜 '쉼'에 대한 욕망을 이제 마음껏 표현할 차례다. 나 자신을 위한 자기계발인 휴식을 세상에 양보하지 말자.

여행의 교양이
당신만의
매력이 된다

대지는 우리에게 온갖 책들보다 더 많은 것을 가르쳐준다. 왜냐하면 대지는 우리에게 저항하기 때문이다. 인간이란 장애물과 스스로 겨눌 때 자신을 발견하는 것이다.

_생텍쥐페리 《인간의 대지》 중에서

프랑스 파리, 영국 런던, 이탈리아 로마, 미국 뉴욕, 오스트리아 빈, 중국 홍콩, 일본 교토, 싱가포르……. 많은 사람들이 한 번쯤은 가보고 싶어 하는 세계 여행지다. 아마 이 도시들 가운데 한두 군데 정도는 미래의 여행지로 꿈꿔온 사람이 많을 것이다. 그들이 꿈꾸는 '그곳'의 이미지를 들여다보면 어떨까? 아마 대부분 비슷한 이미지를 가지고 있지 않을까? 에펠탑과 와인을 곁들인 식사, 빨간 버스와 영국 펍, 파스타와 잘생긴 이탈리아 남자들, 스시와 생맥주, 아름다운 동남아의 야경까지. 넘쳐나는 여행서적과 전 세계를 누비는 TV 프로그램, 기사 덕분에 우리는 비행기를 타고 시차로 고생하거나 피곤함을 느끼지 않고도 간접 여행을 통해 기본적인 지식을 얻게 되었다. 노년 배우들이 해외여행을 떠나는 〈꽃보다 할배〉라는 프로그램이 방영된 이후, '꽃할배식' 유럽여행 열풍으로 수요가 급증했다고 하니 일반 대중들의 여가에 미치는 미디어의 힘은 실로 대단하다.

그러나 문제는 우리의 여행지식이 거기서 기기라는 데 있다. 인기 많은 여행책자, 파워블로거의 여행 후기, TV 속 연예인들의 여행 이야기로 비슷한 지식을 가지고 있다. 차별화되지 않고 보편화된 지식은 거기서 거기인 뻔한 생각의 틀과 행동양식으로 우리를 제한한다. 마치 빵집 진열대에 가지런히 진열된 먹음직스러운 디저트를 눈으로만 맛보는 것과 같다고 할까? 불황 속에서도 디저트 산업은 호황이라 하는 시대에 대세라는 음식을 입에 넣어보지 않고서는 아무리 트렌드세터라고 해도 트렌드를 진짜 안다고 할 수 없을 것이다. 이런 기계적인 배움은 성장기 학습방식의 영향도 크다. 직업양성소가 되어버린 고등학교, 대학교에서 고등 수준의 북 스마트(book smart)로 자랄 수밖에 없었기 때문이다.

어떤 계기로 여행을 그렇게 좋아하고 글 쓰는 것을 업(業)으로 삼게 되었느냐는 질문을 받곤 한다. 내 대답은 한결같다.

"20대 시절 프랑스에서 보낸 2년이라는 시간 덕분이죠. 평범했던 제 인생의 르네상스와 같달까요. 낯선 곳에서 적응하면서 분명히 정신적으로 성장했어요."

내 인생은 프랑스 유학 이전과 이후로 극명히 나뉜다. 세상을 바라보는 눈, 세상을 깨닫는 사고방식이 완전히 달라졌기 때문이다. 이전에는 부모님과 학교, 사회가 인생의 정답인 듯 살았다. 하지만 교과서와 부모님 말씀에서 배울 수 없었던 진짜 지식은 '세상'이라는 학교에 있었다. 중국 속담 중에 "사랑하는 자식에게는 만 권의 책을 선물하기보다 만 리 밖 여행을 떠나보내라"는 말이 있듯이.

유학 초반, 전 세계에서 날아온 다양한 국적의 사람들과 섞여 문화적 충격을 받고 낯선 서구의 생활방식에 몸소 부딪히며 적응해갈 수밖에 없었다. 책 속의 프랑스가 아니라 사람들이 살아가는 프랑스를 이해하는 일이 필요했다. 최대한 초짜처럼 보이지 않으려 외국인 억양을 없애기 위해 인사말부터 수없이 연습했다.

"봉쥬르, 꼬멍 싸바(안녕하세요, 잘 지내세요)?"

에스카르고(달팽이 요리)나 스테이크보다 케밥과 바게트 샌드위치를 더 많이 먹었다. 도서관의 어학 교재나 문학작품보다 패션 잡지와 신문에서 실용적인 단어와 표현들을 접했다. 학교 수업시간보다 동네 카페나 슈퍼마켓에서 더 많은 대화가 오고 갔다. 간단한 인사로 시작해 이방인스러운 무언의 관찰에서 점차 일상적인 대화로 이야기가 길어졌다. 유학 생활 반년이 지난 뒤, 즉석에서 낯선 사람을 친구로 만들고 전통시장에서 정기적으로 장을 보며 시사나 사회 이슈에 자연스럽게 관심을 갖고 이해하려는 내 모습을 발견했다. 생존을 위해 절실히 필요했던 '열린 사고'는 어느새 자연스럽게 나를 '열린 사람'으로 만들었다.

머릿속에 있던 현장을 눈으로 보고 손으로 직접 터치하면서 식상했던 지식은 나만의 산 지식으로 변했다. 체험으로 차별화된 살아 있는 지식 말이다. 우리가 늘 배우고자 애쓰는 '교양'은 어려운 공부거리가 아니있다.

사람들이 전문서적을 읽고 강좌까지 들으면서 쌓길 바라는 교양, 그 본래 뜻은 공부보다 체험에 가까운데 영어로는 culture다. 밭을 갈아 짓는다는 '경작(耕作)'의 의미를 담고 있다. 교양은 책상에 앉아 배우는 것이 전부가 아니다. 결국 배움의 경계를 허물고 밖으로 나가 자기 성장을 위해 직접 체득해야 함을 단어의 어원에서 찾을 수 있다. 한 일간지와의 인터뷰에서 혜국 스님이 남긴 "문자로 이해하고 지식으로만 알려 하지 말고 마음으로 읽고 삶으로 만들어라"라는 말씀에서도 진정한 배움은 인생 속에서 터득해나가야 함을 알 수 있다.

북 스마트로 경직되어가는 우리 시대 청춘이 스트리트 스마트(street smart)로 거듭나는 데 필요한 것은 간접경험까지 아우르는 속성 '경험'보다 구체적이고 직접적인 '체험'이다. 특히 여자들은 세상이라는 학교에서 소위 '센스'로 통하는 교양을 쌓게 되는데, 바로 여자들의 영원한 관심거리인 맛과 멋이다.

여행지에서 문화의 차이를 가장 먼저 배울 수 있는 방법은 음식이다. 입에서 온몸으로 퍼지는 맛이라는 감각만큼 우리에게 강렬한 즐거움을 주는 것도 없다. 그 지역의 역사적 배경과 문화를 가장 솔직하게 드러내는 음식은 하루 삼시 세끼 혀 안에서 밀접하게 접하며 지금 발을 딛고 있는 장소에 대해 잊지 못할 체험을 선물한다. 그 음식이 내 입맛에 맞는지 아닌지는 크게 중요하지 않다. 프랑스에서 지겹도록 먹은 버터와 빵, 홍콩 야시장에서 호호 불어가며 먹었던 완탕면, 동남아 어느 음식에나 빠지지 않던 걸레 냄새 향채까지, 여행지에서 겪은 다양한 음식은 낯섦과 직접 대면할 수 있는 용기를 상징한다.

서울 이태원 거리에 세계의 음식이 모여 있다고 하지만, 현지의 '그 맛'은 따라갈 수 없을 것이다. TV 속 한 장면에서 봤던 남도의 전통 한정식은 체험이 아니라 간접경험일 뿐이다. 우리는 그 음식을 '안다'고 말할 수 있어도 '느낄 수 있다'고 말하기는 힘들다. 먼 거리를 이동해야 하는 수고로움을 줄이고 편하게 음식을 맛본다는 장점의 반대편에는 문화에 대한 깊이 있는 이해가 빠져 있다. 직접 그 나라 사람을 만나고, 분위기와 음식에 엮인 이야기를 겪어보지 않는다면 맛에 대한 자기 주관이 부족할 수밖에 없다. 맛이 좋아서 몇 번은 맛볼 수 있지만 결국 이태원 맛집 중의 하나일 뿐이다. 여행지의 음식은 문화의 다양성을 입체적으로 이해할 수 있는 가장 쉽고 즐거운 백과사전이다.

'맛'을 통해 마음을 열게 되면 그 문화의 '멋'인 현지 라이프스타일도 저절로 배우게 된다. 음식을 먹을 때 필요한 기본적인 테이블 매너, 현지 식재료에 관련한 생활 문화와 사람들의 성향을 알아가며 책 속의 뻔한 유적지 역사가 아니라 사람 냄새 나는 살아 있는 역사를 체득하는 것이다. 평소 갖고 있던 시간과 장소에 대한 편견은 나와 타인이 다르다는 것을 인정하는 톨레랑스로, 머릿속의 지식은 가슴 속의 지혜로 업그레이드된다.

여행이 끝나도 그 체험은 고스란히 일상에 영향을 미친다. 여행지의 낯선 것들에 도전했던 대담함은 나를 떠나기 전보다 더 단단하게 만들어준다. 두려움이 줄고 자신감이 커지며, 사람과 자연을 더 소중히 여기고, 결국 나 혼자 사는 인생이 아니라는 것을 깨닫는다. 길거리에서 느끼고 배우며 우리는 교과서 속 삶이 아니라 사람 냄새 나는 현장의 삶을 본다.

또한 나만의 특별한 체험은 고유한 교양지식이다. 프랑스 유학 시절, 패션 매거진에서 배우던 패션 팁을 파리지앵에게 직접 배우게 되었고 진짜 멋에 눈을 뜨게 되었다. 유행에 따라 스타일을 바꾸던 방식에서 벗어나 셔츠, 데님팬츠, 군더더기 없는 티셔츠 등 기본적인 아이템이 얼마나 편리한지 알았다. 화려하지 않은 적당한 수수함, 겉멋보다 말투나 행동에서 묻어나는 내면의 멋이 진정한 매력이라는 것을 이해할 수 있었다. 이제 나에게 멋은 단순하다. 자신에게 편안히 잘 어울리는 복장과 함께 말과 행동도 패션의 일부로서 분위기를 완성하는 데 매우 중요하다. 20대 시절 프랑스를 시작으로 끊임없는 여행을 통해 조예은이라는 여자의 정체성을 또렷하게 다듬을 수 있었다.

　베르베르의 속담 중에 "여행은 자기 삶의 지평을 넓히는 일이다"라는 말이 있다. 직접 보고 만진 세상은 더 이상 낯선 세상이 아니다. 삶의 경계가 그만큼 확장된 것이다. 여행 후 우리는 더 이상 예전의 내가 아니다. 낯선 곳에서 단련된 용기와 열린 마음이 일상의 말과 행동, 사고방식에도 영향을 미친다.

　직접 발을 딛고 온몸으로 느끼는 세상이라는 학교는 성적순으로 사람을 차등하지 않는다. 용감하게 다가서고 진심으로 깨닫고자 하는 열정이 있다면 그 모두가 우등생이다. 여행을 통해 우리는 학교 우등생보다 장기적으로 가치 있는 인생의 우등생이 될 수 있다. 느낌이 빠진 앎은 본래의 맛을 잃은 식어버린 음식과 같다. 생기 있는 체험을 통해 감각을 되찾고, 살아 있는 교양을 나만의 매력으로 만들어보자. 이제 낯선 곳에서의 생산적인 즐거움을 위해 마당발이 되어보자. 그리고 작지만 위대한 첫걸음을 내딛기 전 스스로에게 물어보라. 나는 지금 무엇을 그냥 '보고' 있는가, 아니면 직접 '느끼고' 있는가?

사느냐
더 즐겁게 사느냐,
그것이 문제다

여행이란 우리가 사는 장소를 바꿔주는 것이 아니라 우리의
생각과 편견을 바꿔주는 것이다.
_아나톨

과감한 수영복 차림의 중년 여자 3명이 해변에 앉아 있는 레트로풍의 빛바랜 영화 포스터를 발견했다. 명화 한 폭 같은 이 이미지를 보는 순간, 나도 포스터 속 그녀들과 함께 바다로 당장 달려들고 싶은 낭만적인 충동을 느꼈다. 바다는 변함없는 따스함과 여유로움으로 안락한 휴식처이자 질리지 않는 최고의 여행지다. 프랑스 영화 〈투 라이프〉였다.

〈투 라이프〉는 2차 세계대전 당시 수용소 생활의 고통을 함께했던 여자 셋, 엘렌, 릴리, 로즈의 우정과 여행 이야기다. 생사를 오가는 아

슬아슬한 청춘을 함께한 그녀들의 우정은 각별할 수밖에 없다. 전쟁이 끝나고 각자의 고향으로 돌아가 다시 평범한 인생을 시작하고, 15년 뒤에 극적으로 다시 만나게 된다. 이제 세 친구의 무대는 절망의 수용소가 아니라 낭만 가득한 프랑스 해변 마을 베르크다. 꽃다운 청춘이었던 그녀들도 어느새 중년이 되었고 각자 살아가는 방식도 예전과 너무나 달라졌다. 그럼에도 여행은 세월의 어색함을 무너뜨리고 추억으로부터 애틋한 감정을 되살아나게 해준다. 여행지 베르크에서 울고 웃고 먹고 마시고 티격태격하며, 수용소 시절 누릴 수 있을지 상상조차 하지 못했던 소소한 우정의 순간들을 즐긴다. 서로에게 솔직해지고, 상대방의 아픈 과거를 보듬어주며, 여행을 통해 지난날의 상처를 오늘의 즐거움으로 승화시킨다.

"이런 게 행복이지 뭐겠어."

달콤한 젤라토를 나눠 먹으며 로즈가 했던 말이다. 15년 만의 만남에 대한 기쁨과 동시에 떠오르는 과거 수용소에서의 고통은 그녀들의 마음을 복잡하게 만든다. 하지만 여행지에서 더는 과거를 생각하고 싶지 않기에 여유로운 해변을 바라보며 아이스크림을 입에 넣기만 한다. 베르크의 잔잔한 수평선을 바라보며 한동안 그녀들은 서로 아무 말도 없다. 그저 함께 있게 된 지금 이 순간을 달콤한 아이스크림과 함께 찬찬히 음미하며 가슴에 담을 뿐이다.

파리지앵 엘렌은 그동안 억눌렸던 본능적인 자유를 여행에서 되찾는다. 과거 수용소에서의 상처로 더 이상 잠자리를 할 수 없게 된

남편을 진심으로 사랑하긴 하지만, 베르크 해변에서 우연히 마주친 젊은 남자를 향한 욕망으로 마흔의 그녀는 결국 낯선 바다에서 자유로운 여자가 된다. 영화 속 엘렌을 통해 자신을 긍정하고 자신에게 솔직해져야 행복할 수 있음을 다시 한 번 깨닫는다.

왜 이리 지겹기만 할까 하고 일상의 권태에 사로잡혀 자책해본 적이 있는가? 반대로 "와!" 하는 탄성이 나올 만큼 기쁘거나 감동적인 순간은 있었는가? 글로벌 여론조사의 행복지수 순위에서 언제나 평균 이하의 초라한 성적을 기록하는 행복하지 않은 나라 대한민국에 우리는 살고 있다. 대한민국이 꼴찌를 기록한 설문조사에서 행복지수를 평가하는 척도는 다음과 같이 평범했다.

"많이 웃었는가, 피로를 풀었는가, 온종일 존중받았는가, 하루를 즐겁게 보냈는가, 흥미로운 것을 했는가?"

간단해 보였던 웃음, 당연한 줄 알았던 자존감, 식지 않을 것만 같았던 흥분, 만족감 등의 긍정적인 감정을 잊게 된 우리에게 일상적인 행복은 사치가 되어버린 걸까?

"술 한잔 하자. 커피 한잔 어때?"

밥보다 더 자주 즐기는 지긋지긋한 그놈의 한잔. 사회 초년생이었던 나와 주변 사람들의 해방구이자 인스턴트 행복이었다. 묵은 스트레스와 억눌린 기운을 해소하기 위해 스스로 즐길 방법을 찾기보다 누군가를 찾고 그들의 위로에 의지했다. 물론 과거보다 놀이의 콘텐츠도 다양해지고 여가생활로 바쁜 주말을 보냈지만, 늘 보이지 않는 행복에 갈증을 느꼈다. 지인들도 현실의 무게가 버겁기도 하지만 딱히 당장 변화할 방법도 없기에 현재에 그럭저럭 만족하려고 애쓰는 눈치였다. 저마다 내가 피해자라며 사건 보따리를 풀어보자는 만남들 속에서 나를 위한 행복은 없었고, 남는 건 피로와 외식비로 쌓인 카드값뿐이었다. 계속 이렇게 살다가는 자생 불가능한 사축(社畜)으로 살게 될 게 뻔한 지옥 같은 상황에서 나를 구한 것은 바로 여행이었다.

불우한 성장기와 외모 콤플렉스를 극복하고 전 세계 시청자와 행복을 나누는 오프라 윈프리는 인생을 즐기는 방법을 잊고 사는 우리에게 말한다.

"인생의 즐거움이란 내가 쓴 에너지만큼 그것을 돌려받는 것이다. 그리고 그 즐거운 정도는 우리가 삶을 어떻게 바라보느냐에 따라 결정된다."

나를 즐겁게 해줄 이벤트가 알아서 찾아올 거라는 소극적인 착각은 버리자. 지금 모습에 만족하는 삶을 살 것인지, 내 안에 숨어 있는 행복을 발견하여 더 즐거운 삶을 살 것인지는 자신에게 달려 있다. 마음을 조금 더 열고 시선을 넓히면 지금보다 더 나은 삶으로 도약할 수 있으리라.

반복적인 일상으로 경직되었던 나에게 여행은 즐거운 삶을 위한 어렵지 않은 도전의 시작점이자 스스로 즐거움을 찾을 수 있는 자생력이었다. 소소한 대상에서도 행복을 발견하는 '감사의 눈'이 그 자생력의 원천이었다. 감사의 눈을 통해 내게 주어진 오늘 하루 그 자체에서 행복감을 느끼기 시작했다.

회사, 직위, 출신 지역과 학교 등 기존에 얽혀 있던 사회적 그물망에서 빠져나온 여행자는 평소에 미처 인지하지 못했던 아주 기본적이고 사소한 것에도 반응하기 시작한다. 타지에서 누릴 수 있는 인생의 소박함이다. 간소한 짐을 담은 여행 가방과 편안한 신발, 튼튼한 두 다리와 미지에 대한 설렘이 여행자가 가진 전부다. 물리적인 짐을 덜어낸 만큼 소소한 즐거움에 눈을 뜨게 된다. 도시에서 벗어나 지방의 작은 마을에서 마주친 시원한 나무그늘, 예쁜 꽃, 맑은 공기에 굳어 있던 몸과 마음이 무장해제된다. 처음 만나는 이방인인 나에게 친절을 베풀어주는 현지 사람들을 통해 인간미를 체험한다. 평범한 밥 한 그릇도 타지에선 5성급 호텔 요리 못지않게 훌륭하기만 하다. 불만족스러웠던 삶에 대해 감사할 줄 아는 마음이 생겨난다. 주어진 것들이 당연하다고만 여겼던 도시생활자의 자만은 소소한 대상에서도 기쁨을 발견할 줄 아는 겸손으로 변한다.

또한 인간적인 '촉'이 되살아난다. 경쟁사회에서는 사랑보다 경계심이 먼저였다. 낯선 여행지에서는 다르다. 함께 먼 길을 와주고 힘든 순간 손을 내밀어 준 여행 파트너가 소중하기만 하다. 가끔 무능하게 느껴졌던 나 자신에게 여행지의 고독을 즐길 줄 아는 성숙한 면을 발견하고 스스로에게 고마움을 느끼기도 한다. 주변 환경과 자신을 긍정하는 법을 자연스럽게 체득하며 여행의 즐거움은 배가 된다.

친구들과 커피를 마시며 이야기를 나누는 자리였다. 토요일 오후임에도 회사에서 수시로 전화가 오는 친구가 있었다. 하루하루가 전쟁터 같다는 유통업계에서 4년 차 직장인인 그녀의 곱게 화장한 얼굴에서 어딘가 모르게 피곤함이 느껴졌다. 친구들과의 수다에서 언제나 나오는 주제, 휴가 이야기가 한창이었다. 내가 하는 여행 이야기에 그 친구는 냉소적인 반응이었다.

"뭐, 지금도 나쁘지 않아. 애인도 있고 일도 이제 안정되었어. 여행은 늘 가도 가도 비현실적이기만 한 것 같아. 돌아오면 다시 일상이 시작되니까."

현실의 삶을 유지하기 위해 새롭고 더 나은 삶의 기쁨을 체념한 듯했다. 그녀를 통해 적당히 만족하고 살아가는 이 시대의 수많은 행복하지 않은 청춘들을 보는 것 같았다.

여행은 그 자체로 즐거움이지만 일시적인 쾌락은 아니다. 여행은 그 후 삶을 대하는 태도에 변화를 가져온다. 여행자의 '감사의 눈'은 평범한 하루도 기쁨을 맛보는 기회로 가득하게 만들어준다. 즐겁지 않으면 진짜 인생이 아님을 먼 타지에서 깨달았기에 일상 속의 슬픔과 분노, 불만족에 너그러워지는 유연함을 갖게 된다. 더욱 즐거운 삶을 위해 지금부터 여행으로 훈련하자. 매일매일을 여행처럼 기쁨을 맛볼 기회의 티켓은 바로 우리 손에 쥐어져 있다.

Part 002 떠나기 전에
알아야 할
것들

완벽한 여행이
있을 거라는
환상

여행은 결혼과 같다. 잘못되기 위한 확실한 방법은 당신이
컨트롤한다고 생각하는 것이다.
_존 스타인벡

"여행은 없거나 드물다"라는 문구를 읽은 적이 있
다. 과학기술과 보편화된 여행문화 덕분에 나날이 좁아지는 세상이
라지만 관광 콘텐츠만 득실댈 뿐 여행다운 여행은 하기 어렵다는 의
미일 것이다. 똑같은 장소에 가고 똑같은 음식을 먹으며 '나 거기 다
녀왔다'고 인증이라도 하는 듯한 답사 과제 같은 여행 말이다. 사람
들은 어느새 여행자가 아니라 여행상품의 고객이 되어버렸다. 여행
에 조언을 구하는 친구들에게 나는 몇 번이고 강조하곤 한다.

"가이드북을 믿지 마."

이런 대답에 사람들은 의아해한다. 하지만 나에게 가이드북은 철저히 이방인의 입장에서 쓴 편견 덩어리일 뿐이다. 물론 낯선 장소에 대한 지리적, 문화적, 역사적 정보를 제공하는 가이드북은 유용한 역할을 한다. 서점 여행 코너에는 마음은 이미 국경을 넘어선 듯 보이는 수많은 예비 여행자로 늘 북적인다. 이번 휴가 땐 어디로 가볼까, 더 고급 정보를 담은 책은 무엇일까 하는 마음으로 휴가에 목말라 하는 사람들이 숨 막히는 찜통더위를 식혀주는 얼얼한 이온음료 같은 가이드북을 뒤적인다.

시청률이 높은 TV 프로그램에서 소개된 여행지는 그해 대한민국의 히트 휴가지다. 방송의 여세를 몰아 서점 한가운데는 해당 지역의 가이드북만을 모아놓은 특집 코너가 그냥 지나칠 수 없게 만든다. 요즘은 패션처럼 여행도 트렌드가 있다. 대중의 입맛을 겨냥한 다양한 스타일의 가이드북은 다른 분야의 책보다 방문자들의 손때가 많이 묻어 있다. 유달리 인기가 많아 너덜너덜해진 책들은 가이드북에 대한 대중의 니즈를 보여준다.

처음 가는 여행지를 사전 조사하려면 당연히 가이드북 한 권쯤은 필요하다. 지역, 문화, 역사에 관한 기본적인 정보를 기출 요약문제집처럼 한 권으로 예쁘게 만들어놓은 책은 독자에게 시간 단축이라는 혜택을 제공하니까. 그러나 그 유용함을 그대로 받아들이는 순진한 독자에겐 아직 가보지 않은 미지의 세계에 한계가 생긴다. 가이드북에 나온 정보들로 이미 머릿속이 꽉 차버린다. 짧은 기간 안에 최대한 많은 걸 보고 싶은 예비 여행자에게는 가이드북의 내용도 벅차다. 몸으로 느끼고 깨닫기에 앞서 가이드북에 나온 곳들을 확인하는 데 귀하게 찾아온 여행 대부분 시간을 소비하고 만다.

프랑스 철학자 미셸 옹프레는 《철학자의 여행법》에서 '더 멀리, 더 럭셔리하게, 더 많이, 더 오랫동안'과 같은 여행의 표면적인 수식어에 얽매여 있는 우리에게 여행은 기술이 아니라 느낌이라고 당부한다.

"한 나라에 대한 이해는 얼마나 긴 시간을 투자했느냐가 아니라 때로는 순수한 주체성에서 비롯된, 짧지만 강력하고 비이성적이고 본능적인 명령에 따라 이루어진다."

행동경제학의 '프레임(Frame, 틀)' 개념도 마찬가지다. 대부분 사람은 객관적인 선택을 하기보다 미리 정해진 틀을 기반으로 세상을 읽는다는 의미의 프레임은 이미 알게 모르게 사적인 영역인 여행에서도 작용하고 있다. 사전에 공부한 정보를 지나치게 신뢰하면 여행자는 저자가 만들어놓은 틀에 갇혀버린다. 자유를 향해 날던 새가 자기도 모르는 사이 또 다른 세상으로 들어간 셈이다. 낯선 곳을 유랑하는 사람에게 가장 필요한 것은 최신 정보가 업데이트되어 있는 베스트셀러 가이드북도 아니고, 여행 베테랑의 노하우도 아니며, 아침부터 밤까지 완벽하게 짜놓은 여행스케줄도 아니다. 바로 자유로운 감성이다.

"언니, 그냥 우리 계획한 대로 교토로 바로 가면 안 돼? 그렇게 아무 정보도 없이 모르는 데 가는 건 위험하지 않아? 말 안 통하는 외국인데."

3살 터울이 나는 여동생의 첫 해외여행은 나와 함께한 오사카, 교토였다. 평소 새로운 것에 대해 호기심보다 두려움과 의심부터 갖는 겁 많은 성격의 동생은 스물다섯까지 해외로 나가본 적이 없었다. 늘 여행 가방을 매고 이리저리 겁 없이 다니는 나를 부러워만 했을 뿐. 3박 4일 일정 중 오사카에서 교토로 이동하는 스케줄 때문에 우리에게 주어진 시간은 부족하기만 했고, 계획 이외의 것들은 생각할 여유조차 없었다. 혹시나 했지만 역시나, 내 즉흥적인 성격은 여행 일정을 순순히 받아들이지 않았다. 지하철 노선도에서 고베 방향 노선을 발견하곤 그 자리에서 바로 경로를 바꿔버린 것이다. 일탈을 위해 떠나온 여행에서 또 한 번의 일탈을 경험하게 해주고 싶었다.

되지도 않는 영어와 제스처를 사용해 고베로 가는 지하철 표를 끊고, 아침 일찍 고베로 향했다. 같은 간사이 지방이라도 대도시 오사카와 전혀 다른 분위기의 고베는 뜻밖의 보물 같은 항구 도시였다. 역에서 제공하는 지도를 얻고 역무원에게 산책하기 좋은 곳, 고베에서 먹어보면 좋은 메뉴, 도시를 한 번에 둘러볼 수 있는 버스 노선 정보를 즉석에서 추천받았다. 눈길이 가고 발걸음이 이끄는 대로 자유롭게 걷고 걸었다. 비록 반나절이라는 짧은 시간이었지만 모르는 사람에게 느끼는 순수한 고마움, 낯선 길 위에서 발견하는 우연한 즐거움, 소심함을 대범함으로 만들어주는 여행자의 배짱까지 담긴 여정이었다. 준비되지 않았던 고베에서의 몇 시간은 동생에게 큰 낯섦에 다가서는 용기와 미지를 향한 흥분을 알려주었다. "언니, 고베 안 왔으면 후회할 뻔했어, 그치?"

"거봐, 여행이 계획대로만 진행되면 재미도 계획한 만큼뿐인 거야."

여행의 모범답안은 애초에 존재하지 않는다. 다만 나보다 먼저 떠난 사람들의 발자취가 글, 그림, 사진 등의 기록으로 남아 있을 뿐이다. 모험정신과 자기 주관 없이 누군가의 발자취만 믿고 그대로 따라가면서 여행을 또 하나의 일처럼 만들어버렸을 뿐이다. 확실히 내려놓고 즐기기에 몰입하는 방법을 잊은 사람들이 여행 방식의 틀에서 자유롭기 위해서는 사고방식을 전환해야 한다. 여행의 품격 따윈 파(破)하고 기존의 여행 방식을 탈(脫)하는 자유로운 팜므 '파탈' 여행자가 되어야 한다.

가이드북은 참고자료 그 이상도 이하도 아니다

하루 종일 가이드북을 바이블 다루듯 손에서 놓지 않고 다녀본 적이 누구나 한 번쯤 있을 것이다. 그만큼 우리는 누군가가 제공해준 틀에 의지해 여행지를 공부한다. 누구나 아는 정보에 누구나 그렇듯 끌려 다니지 말자. '지금 아니면 언제 또 가보겠어', '남들도 다 가는데 나도 가야지'라는 생각은 개인적이어야 하는 휴식마저 남들보다 잘하고 싶은 욕심으로 또 다른 욕심을 만들어낸다. 유명 관광지, 박물관, 줄 서서 먹는다는 맛집을 가야 한다는 의무감을 버려보자. 대신 나만의 여행 루트를 발굴하는 것이다. 일상에서 허락되지 않았던 예측 불가능한 상황을 여행지에서 즐기다 보면 평범한 여행은 색다른 모험이 된다.

가이드북의 계산된 동선보다 계획 없는 자유를 즐기는 내가 자주 쓰는 방법이 있다. 대부분의 기차역, 관광안내소에는 무료 지도가 배치되어 있을 것이다. 현지에서만 구할 수 있는 지도를 2개 챙긴다. 하나는 기념품이다. 그리고 지도를 들고 현지인에게 용기 있게 다가간다. 서글서글한 미소와 예의 바른 행동은 필수다.

"여기 사는 사람들이 자주 가는 장소 좀 표시해주세요. 음식점, 카페, 공원 등 아무 곳이나 좋아요."

여행자의 호기심 어린 순수한 눈을 거북해하는 현지인은 거의 없다. 말은 안 통해도 마음은 통한다. 현지인들의 이야기는 평범한 관광정보가 아니라 과거와 현재가 담겨 있는 삶의 지혜, 살아 있는 알짜배기 정보다. 그들의 장소를 찾아가 보는 재미는 마치 신비한 나라에서 보물찾기를 하는 어린아이로 만들어준다. 또 다양한 방식으로 여행지를 알아가게 한다. 좀 들여도 된다. 갔던 곳이 맘에 안 들어도 좋다. 모험이라는 이름을 걸고 과감해졌던 나 자신을 발견하는 것만으로도 충분하다.

여행계획은 미완성일 때 가장 완벽하다

일본의 만화가이자 에세이스트 마스다 미리는 여행 마니아로 유명하다. 그녀가 말하는 여행은 삶의 일부이자 쉼표 같은 만만한 대상이다.

"지금은 걸핏하면 여행을 갑니다. 혼자일 때도 있고, 누군가와 함께일 때도 있습니다. 대부분 '잠깐 저기까지만' 하는 가벼운 마음으로 갑니다."

잠깐 저기까지만. 여행의 욕심을 덜어내면 떠나는 사람은 자유롭다. 우리는 왜 떠나고자 했던 걸까? 버거운 일상을 내려놓고 쉬고 싶었기 때문이 아닐까? 일정은 물론 여행자의 마음에 여유가 있어야 여행이 여행다울 수 있다. 모처럼 찾아온 휴식의 기회를 완벽한 여행으로 꿈꾸며 빡빡하게 일정을 짜버리면, 몸은 몸대로 피곤하고 장소만 바뀌었을 뿐 일정에 쫓기는 평소와 다를 바 없다. 여행이 휴식임을 잊지 말고 느슨하게 준비가 덜 된 상태로 맞이하자. 때때로 아무 목적지 없이 돌아다니는 자유의 순간도 여행의 즐거움이다. 미완성의 즐거움 말이다. 목적 지향의 스케줄로 꽉 찬 여행을 딱 절반으로 줄여보자. 이번 여행은 잠깐 저기까지만. 나머지 공백은 여행자인 자신과 미지의 그곳에 맡겨보는 배짱을 가져보라.

"Festina lente(페스티나 렌테)."

"천천히 서두르라"는 라틴어 표현이다. 이 문구를 곱씹으며 곰곰이 생각해볼 차례다. 내가 꿈꿔왔던 여행과 지금 계획 중인 여행의 차이를. 지금까지 해온 여행에 과연 쉴 틈이 있었는지, 잠시나마 내 안의 자유를 마음껏 누리게 해줬던 여행을 해본 적이 있는지. 쉴 때도 여유가 부족한 우리는 '천천히 서두를' 줄 아는 휴식의 리듬을 되찾아야 한다. 더 고급스러워 보이는 숙소, 더 푸짐하게 나오는 맛집, 더 빼어난 여행사진, 더 알짜배기인 쇼핑 리스트 등 부차적인 것으로 여행의 본질을 잊고 있는 건 아닌지 생각해보자. 노는 데 정답은 없다. 노는 자의 즐거움이 놀이의 핵심이다.

'잠깐 저기까지만', '천천히 서두르기'의 여행 철학은 미완성 여행을 완벽하게 해준다.

부담 백배
휴가신청 대신
공짜 같은 빨간 날을

> 여행은 모든 세대를 통틀어 가장 잘 알려진 예방약이자 치
> 료제이며 동시에 회복제이다.
> _대니얼 드레이크

　'생활여행가'라는 지금의 내 타이틀을 소개하면 밥
먹듯이 여행하고 다니는 거냐고 다들 묻는다. 하지만 돌이켜보면, 국
내건 해외건 가장 뻔질나게 돌아다녔던 시기는 오히려 직장인이었
을 때다. 넘치는 에너지를 꾹꾹 누르며 사는 젊은 월급쟁이에게 일과
로부터 자유로울 수 있는 휴식은 최고의 보상이었다. 번 돈이 정확히
알 수 없는 미래를 위한 적금으로 고스란히 들어가는 것도 억울했다.
잠시라도 틈이 보이면 스스로를 위해서 떠나야 직성이 풀렸다. 나만
의 시간을 확보하는 데 그만큼 절실했던 적은 없었다. 힘든 사회생활

을 버티기 위한 나만의 생존비결이었다고 할까.

역마살에서 벗어나지 못하고 자유의 틈새를 찾기 위해 달력을 손에 쥐고 살았다. 계절이 바뀐 것을 몸으로 실감하거나 한 달을 채우고 달력을 넘길 때마다 내가 찾는 건 빨간 날이었다. 20대 후반의 사회 초년생에게 직장 선배와 상사들을 물리치고 여행을 가기 위해 휴가를 낸다는 건 반역에 가까운 짓이었다. 비교적 수평적인 분위기의 외국계 회사라곤 하지만 윗사람이 휴가 계획을 내기 전에 먼저 선수를 치는 일은 거의 없었다. 눈치 보지 않고 어떻게 하면 떠날 수 있을까? 늘 여행에 목말랐던 나에게 필요한 건 휴가신청 이외에 플랜 B였다.

그런 의미에서 주말과 공휴일은 플랜 B이자 더욱 쉽게 자주 떠날 수 있는 돌파구였다. 누구에게나 공평하게 주어지는 기회이니 만만하고 부담도 없다.

"회사에 눈치 보면서 휴가 내고, 다녀와서 밀린 일들은 어쩔 건데?"

밀린 일 때문에 가지 못한다는 건 핑계다.

"주말엔 쉬어야지. 귀찮아."

고단함을 이유로 그 자리에 그대로 있는 것도 핑계다. 그렇게 소심한 변명은 우리를 같은 자리에 묶어두는 것이다.

주말이면 최대한 더위와 추위를 피하고 걷는 양을 줄일 대형쇼핑몰로 향한다. 마치 대국민 약속이라도 한 듯이 초대형 벌집 같은 공간에 죄다 모인다. 일단 주차부터 경쟁이다. 프랜차이즈 식당에 줄 서서 밥을 먹고, 팝콘 냄새가 코를 찌르는 극장에서 이번 달 예매 1순위라는 영화를 보고, 저렴한 SPA 브랜드에서 지난 한 주를 위로하듯 티셔츠 한 장을 사 들고 나온다. 마치 일정한 패턴의 몰링(Malling)이 주말에 당연히 해야 하는 일인 것처럼. 편리함을 이유로 우리의 소중한 주말은 개성을 잃어가고 있다. 빨간 날을 공짜처럼, 값어치 없는 떨이 상품처럼 하찮게 대한다.

그렇다면 공휴일에 대한 생각을 달리 하면 어떨까? 빨간 날은 기회다. 당장 커리어를 쌓고 밥벌이와 사투를 벌이는 일이 나만의 시간을 갖는 것보다 중요한 현실주의자들에게 쉽고 가벼운 마음으로 떠날 수 있는 기회다. 적극적인 마음가짐으로 시야를 넓히면 여행을 떠날 수 있는 물리적 조건이 충분히 주어져 있다. 단지 빨간 날을 늘 돌아오는 일요일로만 여겼을 뿐이다.

마음 놓고 훌쩍 떠날 수 없는 현실에서 공휴일은 곧 휴가다. 색다른 경험을 할 수 있고, 조직이 아닌 나만을 위한 시간이다. 하루나 이틀쯤은 부담 없이 유랑자처럼 지내보자. 당일치기 혹은 1박 2일 여행의 주인공이 될 기회다. 운이 좋아 금요일, 혹은 월요일이 공휴일이라면 더더욱 좋다. 2박 3일이라는 더 넉넉한 일정을 준비할 수 있고, 짧게 여행을 다녀와도 하루쯤은 여독을 풀 수 있는 여유가 있다. 여가생활도 휴식도 마음먹기 달린 것이지 시간이 없다는 변명은 게으름을 합리화하는 것일 뿐이다. 금요일 퇴근 후, 사적인 반란을 계획하자.

나는 3~4달에 한 번씩, 금요일 오후 반차를 내거나 퇴근 후 공항으로 향했다. 가까운 나라로 가는 비행기에 몸을 실었다. 일본, 중국, 홍콩 정도는 금요일 저녁에 꽉 막힌 서울 시내 도로 위에 갇힌 채 보내는 시간이나 기차를 타고 부산 가는 시간과 비슷하다.

늦은 밤 현지 숙소에 도착해서 짐을 풀고 낯선 곳에서 주말을 맞이한다. 이제부터 형식적인 사회인에서 벗어나 익명의 여행자가 된다. 단 이틀이라도 좋다. 짧은 만큼 시간은 더욱 소중해지는 법이다. 다른 문화권에서 낯선 경험을 한다는 자체가 신선한 에너지다. 일요일 저녁 비행기나 월요일 새벽 레드아이(취침시간을 이용한 늦은 시간대 항공편)를 타고 귀국한다. 말끔한 옷으로 갈아입고 바로 출근 직행이다. 몸은 피곤하지만 마음은 쌩쌩하다. 바로 어제까지 새로운 공기를 마음껏 들여 마시고, 맛보고, 만져보는 유랑의 즐거움을 누리고 왔기 때문이다. 오감을 깨우는 잠깐의 틈은 우리에게 삶의 활력을 제공한다.

해외 일정이 부담스럽다면 가깝고도 멀게만 여겨왔던 국내 여행지에 눈을 돌려보자. 비행기를 타고 멀리 가지 않아도 좋다. 국내 여행은 하루나 이틀이어도 충분하다. 시간, 거리, 경제적인 부담도 없다. 지하철로 1~2시간 만에 경기도 파주 나들이는 물론이고, 강원도 춘천까지 갈 수 있다. 서울역에서 KTX 열차를 타고 3시간이면 부산 현지에서 돼지국밥으로 해장도 가능하다.

포털 사이트에 '주말 나들이'로 검색을 하면 정보가 넘쳐난다. 신문의 주말특집 기사들만 눈여겨봐도 전문기자의 고급 여행정보를 쉽게 얻을 수 있다. 시야를 멀리 하고 생활 범위를 넓혀보면 여행의 기회는 사방에 널려 있다. 여행은 더 이상 특별한 이벤트가 아니라 일상의 부분이다. 달력의 빨간 날만 활용해도 우리는 여행자라는 제2의 신분을 충분히 누릴 수 있다.

이제 여행의 어려움은 줄어들었다. 문명의 혜택 덕분에 거리상 멀게 느꼈던 지역으로 떠나도 가벼운 나들이가 되었다. 그러나 아직도 자유롭지 못하다며 현재 상황만 놓고 푸념하는 이유는 무엇일까? 여행에 대한 기대가 지나치게 큰 것은 아닐까? 일상에 변화를 주려는 노력조차 하지 않고 지금 생활이 지루하다고 불평하지는 않았는지 생각해보자.

서은국 교수는 《행복의 기원》에서 "행복은 기쁨의 강도가 아니라 빈도"라고 말한다. 평소에는 바람기 많고 무심하지만 값비싼 선물과 함께 기념일 단 하루를 즐겁게 해주는 애인, 그리고 대단하지는 않지만 한결같은 자상함으로 잔잔한 감동을 주는 애인 중에 과연 누가 그녀를 행복하게 해주는 사람일까? 타이밍만 보며 미루고 있는 장기 여름 휴가를 위해 일 년 내내 스트레스를 억누르고 사는 것과, 놀랄 만한 여행은 아니지만 주말 동안에 삶의 양식을 전환하는 소소한 나들이를 즐기는 것 가운데 무엇이 행복한 인생일까? 지금까지 믿어왔던 행복의 방식이 오히려 일상의 여유를 빼앗아간 것일지도 모른다.

고진감래가 언제 어디서나 통하는 것은 아니다.

　이제 공짜 같은 공휴일에 내면의 쉴 틈을 마련하자. 중요한 것은 어디를 가느냐, 어떻게 가느냐가 아니라 떠난다는 그 자체다. 주말 단 하루라도 마음먹으면 여행자가 될 수 있는 세상에서 더 이상 떠나지 못할 이유가 없다.

　이가 없으면 잇몸으로, 월급쟁이에게 휴가가 부족하면 휴일을 휴가로 만들어보자.

차 없으면 두 다리로,
낭만적인
걷기 여행

진정한 여행자는 걸어서 다니는 자이며, 걸으면서도 자주
앉는다.
_콜레트

최근에 오키나와를 다녀왔다. 렌터카 없이는 여행
하기 힘들다는 한결같은 리뷰들과 렌터카 중심의 여행정보만 가득
담은 여행서적뿐이었다. 사전 조사에서 쓸 만한 정보를 건지지 못한
채, 호텔을 예약하고 버스 노선도만 준비해서 뚜벅이 여행자는 오키
나와로 향했다. 과연 다들 이용한다는 렌터카 없이 무사히 여행할 수
있을지, 교통편 때문에 발이 묶이지는 않을지, 일본의 다른 지역보다
교통편이 발달하지 않았다는 사전 정보 때문에 그 어떤 여행보다 걱
정이 앞섰다. 그러나 두려움은 환상이라는 말처럼, 잠깐의 소심함일

뿐이었다. 다른 사람들의 말만 듣고 가보지 않은 여행지에 대해 내리는 섣부른 판단은 역시 옳지 않았다. 오히려 누군가가 지정해놓은 오키나와 여행 문법이라는 편견에서 벗어나 유쾌해졌다. 뚜벅이 여행자만이 누릴 수 있는 혜택도 발견했다.

물론 오키나와의 대중교통이라곤 노선이 짧은 공항 주변의 모노레일과 낡은 지역 버스뿐이다. 하지만 지나치게 편한 일상에 익숙한 우리에게 이 정도의 불편함은 신선하다. 그래 봤자 위험 요소가 도사리고 있는 아프리카 야생 정글도 아니고, 끝도 없이 펼쳐지는 유라시아 대륙 한복판도 아닌 선진국 일본의 어느 지역이다. 대부분 차로 이동하는 오키나와에서의 걷기 여행은 많은 사람들이 지나쳐버린 오키나와의 소소한 아름다움을 발견하게 해주었다.

'호모 비아토르(Homo Viator, 걷는 인간)'.

18세기 프랑스 정치사상가 루소가 추구한 이상적인 인간형이다. 그는 하루 종일 걸었다. 사교계와 사회적 욕망에 흔들리지 않으며 기본에 몰두하는 자연인이 되기 위해서였다. 걷기를 통해 원초적인 인간의 행복을 발견했음을 그의 저서 《고백》에서 알 수 있다.

"내게 필요한 것은 떠돌이 생활이다. 날씨가 좋을 때 서두르지 않고 아름다운 고장을 걷는 것, 다 걷고 나서 유쾌한 대상을 만나는 것. 바로 이것이야말로 내 취향에 가장 잘 맞는 삶을 사는 모든 방식이다."

루소처럼 걸었다. 4일내내 시내버스와 두 발에 의존하여 오키나와 섬 전체를 돌아다녔다. 한 시간에 버스 한 대. 매시간 운행되는 것도 아니다. 하지만 드문드문 오는 버스는 자유롭게 이동하지 못함을 뜻하는 것이 아니었다. 여행자에게 몇 시까지 다음 목적지에 꼭 가야 한다는 의무감을 없애주기도 하고, 버스를 놓치면 '한 시간 뒤 버스 타지 뭐'라는 마음의 넉넉함을 선사해주었다.

정류장을 향해 이동하는 시간과 버스를 기다리는 시간은 자유롭게 주변을 감상할 기회가 되었다. 더는 쫓기지 않고 딱히 목적지도 정하지 않은 채로 편안히 걸었다. 멈추고 싶으면 멈추고 뜨거운 여름 햇볕을 온몸으로 받았다. 때 묻지 않은 오키나와의 공기를 몸속으로 한껏 들이마셨다. 지나가다 눈이 마주치는 사람들에게 가볍게 미소 인사를 지어보기도 했다. 걷기를 통해 자연과 함께 호흡하는 내가 자연의 일부가 되고, 자연은 오롯이 내 것이 되었다. 길 위에서 몸과 마음의 자유를 느끼는 내가 바로 호모 비아토르였다.

사람들은 왜 차가 있어야만 여행하기 좋다고 생각했을까? '차도남(차 없는 도시의 남자)'이라는 신조어가 생긴 씁쓸한 연애의 공식처럼, 차 없으면 몸이 고생한다는 고정관념 때문일까?

달리는 차 안에 있는 자신의 모습을 그려보자. 운전 중에는 최고의 효율성을 자랑하는 내비게이션과 방향을 안내하는 표지판을 위주로 보고 움직이기 마련이다. 목적지 지향적인 이동은 우리에게 '속도'를 선사하는 대신 '과정'을 생략한다. 차 안에서 빠르게 다가온 만큼 빠르게 사라지는 풍경들, 수고스러움 없이 도달하는 편리함, 목적 중심의 생활방식에서 과정은 지루하게 느껴질 뿐이다. 우리는 차를 통해 멀리 가지만 깊이 있는 이동은 하지 못한다.

걷기 여행이라고 해서 생필품을 가득 실은 커다란 배낭을 짊어진 무전여행이 전부는 아니다. 평소 가볍게 여기며 쉽게 지나쳤으나 누군가에게는 삶의 공간이었던 곳, 익숙하기만 했던 자연을 여행의 대상으로 삼을 수 있다. 속도 대신 깊이가 있는 여행이 된다. 여행지라는 이름으로 아름답게 꾸며진 명소가 아니라 진짜 생(生)의 장면들을 발견해나가는 것이다.

특히 새로운 시선으로 재발견할 수 있는 숨겨진 보물 같은 장소가 있다. 바로 골목길이다. 자유로운 걸음이 창조한 평범함 속에 특별함을 품은 여행지다. 하지만 골목길은 과정을 없앤 자동차로 이동할 때는 만나기 힘들다. 게다가 교통체증에 따른 스트레스도, 주차 걱정도 없이 자유롭다. 많은 사람이 이동하는 큰길에서 벗어나 좁은 길로 들어가 보자. 잠시 걷는 속도를 늦추고 구불구불 난 길을 따라 천천히 주변을 음미하자. 창문 사이로 들려오는 음악 소리, 아기자기하게 늘어놓은 화분들, 각양각색의 대문 모양과 마당, 길가에 핀 작은 꽃과 나무까지. 예상하지 못했던 만남이 이방인을 즐겁게 한다.

무언가를 좇지 않고 그저 걷고 있으면 몸과 마음이 이완되기 마련이다. 여행자를 맞이하기 위해 정비해놓은 건물들과 화려한 네온사인 뒤편으로 다양하고도 소박한 풍경을 걷는 자신도 더불어 겸손해진다. 우연으로 가득한 골목길은 여행자의 쉼터이자 삶의 배움터다.

《소심하고 겁 많고 까탈스러운 여자 혼자 떠나는 걷기 여행》의 저자 김남희는 자신의 한계를 걷기로 뛰어넘었다. 책 제목처럼 예민한 도시여자였던 그녀는 걷기 여행을 통해 삶을 담백하게, 자신을 단순하게 만들 수 있었다.

"길은 위대한 학교였다. 길에서 만나는 사람들은 모두 스승이었다. 세상에 나온 모든 목숨이 귀하고 아름답다는 것을, 누구에게나 배울 점이 있음을, 나누며 사는 삶이 가치 있는 삶이며 사람들은 누구나 소통을 꿈꾼다는 것을 길은 내게 가르쳐주었다."

길을 따라 천천히 풍경을 음미하는 여행, 몸과 마음에 여유가 있는 여행, 목적 중심에서 벗어나 과정에 가치를 두는 여행, 이것이 진정한 해방감을 선사하는 여행이 아닐까? 한 발씩 내디딜 때마다 발견하는 새로운 것들, 두 다리 사이의 너비인 보폭은 인생의 범위를 그려나가는 컴퍼스가 된다.

자동차로 이동하는 데 익숙했던 여행 대신 걷기 여행을 계획해보자. 먼저 우리가 꿈꿔왔던 '떠남'의 본래 목적을 생각하는 것으로 호모 비아토르의 여행은 시작된다. 얽매였던 일상에서 벗어나 자유와 휴식을 되찾는 것이 여행의 본질이라면, 이제 두 다리에 여정을 맡겨보자. 복잡하게 엉켜 있던 머리를 식히고 내 몸을 자연스레 주변 환경을 체험하게 놓아두며 한발씩 앞으로 나아가면 된다.

걷고 싶은데 거리가 부담이라면 멀리 나갈 필요도 없다. 여행의 중심은 '그곳'이 아니라 '움직이는 나'임을 잊지 말자. 내가 사는 도시에서도 아직 발견하지 못한 진귀한 보물이 충분하다. 학교나 회사 뒤에 나만의 산책로를 만들어도 좋고, 자주 가는 번화가 뒤편에 숨겨진 골목에서 더욱 멋진 나만의 잇플레이스를 발견하는 것도 재밌지 않을까? 멋을 위해 고집했던 하이힐을 잠시 벗어두고 편한 운동화로 갈아 신는 순간, 장소에 구애받지 않는 진짜 여행자가 된다. 이미 난 길 위에 다시 나만의 길을 만들어가는 것으로 여행의 진수인 자유를 맛볼 수 있을 것이다. 걸어라, 그리고 마음껏 느껴라!

돈 없고 시간 없는
도시생활자의
여행법

해매는 이들이 모두 길을 잃는 것은 아니다.
_J. R. R. 톨킨

어린 시절 누구나 한 번쯤 해보는 보물찾기 놀이에
서는 매일 드나드는 놀이터, 운동장, 교실, 공원 등 일상적인 장소를
유심히 살펴봐야 보물을 손에 넣을 수 있다. 평소 무심코 지나쳤던
공간을 꼼꼼한 눈으로 훑는다. 보물찾기에서 필요한 기술은 바로 남
다른 관찰력이다. 익숙한 대상도 새롭게 바라볼 줄 아는 눈, 먼지 쌓
인 모퉁이에서도 진귀한 무엇을 찾아내는 힘이다. 얼핏 간단해 보이
지만 장소에 대한 고정관념에서 벗어나기란 쉽지 않다.

여행을 다니다 보면 사물을 바라보는 나만의 관찰력이 생긴다. 여
행에서 만난 대상에게 특별한 의미를 부여하기 시작한다. 길가의 꽃

과 나무, 낡은 벽과 창문, 동네의 작은 카페에서 흘러나오는 말소리와 커피 향, 거리의 연주자 등 예전에는 평범해 보였던 것들이 여행지에서 만났기에 소중한 추억으로 간직된다. 전 세계 모든 사람들의 여행지는 '나만의 그곳'이다. 보이지 않는 것도 읽을 줄 아는 여행자의 시선이 머무는 곳이다.

여행자의 시선은 떠나 있는 매 순간과 마주치는 대상을 특별하게 만드는 재미가 있다. 그 장소의 이방인이자 관찰자이자 제 3자의 눈으로 삶의 현장을 포착한다. 우리가 잠시 머물렀던 신비의 도시들도 결국 그곳의 사람들에겐 반복되는 일상이 전개되는 치열한 삶의 현장임을 깨달을 때, 비로소 멀리 떠나온 여정 안에서 자기 모습도 발견하게 된다. 여행은 인생의 은유이기도 하니까.

그렇다면 관점을 뒤집어보면 어떨까? 여행에서 삶을 읽어내던 사고의 방향을 바꿔 삶을 여행으로 읽어보는 것이다. 바로 내가 사는 도시가 새로운 여행 대상이다. 뻔하다 못해 지겹기만 했던 이곳은 국경을 넘어온 누군가에겐 설레는 여행지이기도 하다. 내가 살아온 터전에 대해 부정적인 시선을 버리고 낯선 여행자가 되어보기. 여행지로서 매력적인 서울을 발견하는 여행이다.

시간약속은 칼같이 지키는 지하철을 이용하면 여행이 쉬워진다. 늘 반복적으로 타고 내리던 똑같은 지하철 라인, 출퇴근으로 익숙한 지하철역에 고정되어 있는 이동 범위를 넓혀보자. 여행지에서 대중교통 지도를 보듯이 내가 알던 도시의 지하철 노선도를 샅샅이 읽어보며 여행을 시작하자. 서울 전체를 연결해주는 9개의 지하철 노선, 그리고 분당선과 같은 수도권 지역 노선들을 합하면 2015년 기준으로 무려 19개나 된다. 팍팍하고 쉴 틈이 없어 보였던 우리들의 대도시만큼 안 가는 데 없이 복잡한 지하철은 '갈 데가 충분히 많다'는 사실 또한 보여준다.

서울 중심을 빙글빙글 도는 지하철 2호선을 예로 들어도 알 수 있다. 역사적인 볼거리로 가득한 시청, 을지로, 동대문부터 놀 거리, 먹을거리 가득한 홍대 입구, 강남, 잠실은 기본이다. 화려한 명소가 있는 지하철역을 빼놓더라도 여행지로서 발길이 잦지 않은 동네인 문래역 예술촌이나 합정역 북카페 거리, 차분히 산책하기 좋은 서울숲, 선유도 공원과 같은 소소한 곳들도 만날 수 있다.

여행은 발견하는 만큼 풍성해지는 법이다. 우리 도시 속에서 생각보다 가까이에 있는 어두운 등잔 밑 같은 진귀한 공간들을 보물찾기 해보는 일은 또 하나의 재미가 될 것이다.

올해 초, 내가 신혼살림을 차린 곳은 30년 동안 살았던 서울이 아닌 대전이다. 새로운 삶의 터전은 곧 새로운 여행지기도 한 나에게 가장 간편한 대전 여행 방법은 역시 대중교통을 이용하는 것이다.

"아직 차가 없다고? 그러면 대전에서 살기 힘들 텐데."

아직 1호선밖에 개통되지 않은 대전에 사는 사람들이 흔히 하는 말이다. 그러나 1호선뿐인 단순한 대전 노선도는 나에게 낯선 도시의 낯선 지역명 사이에서 선택의 고민을 덜어주는 혜택이 되었다. 새롭기만 한 지하철역 이름, 안내방송 멘트와 배경음악 소리, 열차 디자인은 내가 살게 된 대전을 이국적인 여행지로 느끼게끔 한다. 역이름을 읊어보며 과연 어떤 곳일까 상상해보고, 실제 모습과 비교해보는 나름의 재미도 있다.

가장 최근의 지하철 여행지는 중구청역이었다. 대전역 근처 구도심에 있는 중구청역은 구 충남도청이 있던 곳으로 아직 최신식 건물이 많이 들어서지 않아 1970~80년대에 머문듯한 옛 느낌이 동네 곳곳에서 묻어난다. 일제시대 신식 건물이었던 구 충남도청 건물의 낡은 시멘트벽을 따라 골목 산책을 하다 보면 '제과', '빵'이라고 쓰여 있는 너덜해진 간판에 맘모스빵과 롤케이크, 팥빵이 먹음직스럽게 쌓여있는 빵집, 테이블 3~4개에 주인의 애장품이 가득 전시된 아담한 카페, 수십 년 동네 터줏대감으로 자리 잡고 있는 백반집들이 간간이 눈에 띈다. 번화가에 비해 개발이 덜 되어 있는 만큼 상업적인 냄새가 덜한 옛 멋 가득한 구도심 거리에서 모처럼 차분한 반나절을 보낼 수 있었다. 그날 이후, 중구청역은 네온 불빛과 유행가, 자동차 소음이 지겨울 때 언제든지 찾을 수 있는 나만의 대전 속 힐링 여행지가 되었다.

휴일 반나절로도 여행이 가능하고 여행 경비는 교통카드 한 장으로, 준비하는 귀찮음은 피크닉처럼 떠나면 되는 간편함으로 해결된다. 익숙한 지하철 노선을 유랑하는 여행은 머나먼 이국으로부터 느꼈던 한계를 넘는 대안 여행이 된다. 마음의 여유가 없던 도시생활자에게 지하철 여행은 21세기의 새로운 여행법이다.

관광객으로 북적거리는 인기 장소도 물론 좋지만, 잊지 말아야 할 점이 있다. 우리가 사는 도시라면 일반적인 여행지에서 벗어나 색다른 곳에 관심을 두기 쉽고, 타지보다 재빨리 적응할 수 있는 장점을 가졌다는 사실이다.

직장인 시절, 생활여행가가 즐겨 찾던 여행지들을 세 가지 테마로 묶어보았다.

힐링, 눈과 귀가 편안해지는 곳을 찾아 산책하기

일상에 지쳐버린 몸과 마음을 치유하는 데 적합한 조용한 장소들이다. 화려하지는 않지만 그저 있기만 해도 편안해지는 산책로는 물 한 통 손에 쥐고, 좋아하는 음악을 귀에 꽂은 채 슬슬 걷기만 하면 된다. 삼성역의 봉은사, 선릉역의 선정릉은 주말 동안 인파를 피해 한적하게 산책하기 좋은 곳이다. 또한 광나루역에서 내려 워커힐 호텔 셔틀버스를 타고 길 수 있는 호텔 안쪽 산책로는 탁 트인 전망이 있어 즐겨 찾곤 했다. 도심 산책로치곤 경사가 꽤 가팔라서 오랜만에 느끼는 종아리의 뻐근함으로 운동하는 기분마저 든다. 봄 벚꽃이 피거나 가을 단풍으로 호텔의 뒷산이 물드는 시즌에 맞춰 찾아가 보는 것도 좋다. 한 시간 남짓한 짧은 시간이지만 자연과 함께 호흡하는 산책로에 머물다 보면 그간 이리저리 치이느라 복잡했던 감정들도 날려버릴 수 있다.

에너지 충전, 돗자리 피크닉과 자전거 나들이하러 한강공원 찾기

서울은 한강이라는 활력 공급소를 품고 있다. 한강의 탁 트인 전경과 시퍼런 물줄기는 변함없이 기운이 넘쳐흐르는 에너지를 상징한다. 도시 서쪽 끝에서 동쪽 끝까지 널찍한 공원, 강줄기와 함께 이어지는 자전거 길과 조깅 코스로 잘 조성되어 있다. 주말이 되면 도시생활을 피하고 싶은 도시인들은 한강으로 향한다. 이촌역, 여의나루역, 성수역, 망원역, 압구정역에서 내려 조금만 걸으면 된다. 한강은 지하철을 타고 가장 빨리 만나볼 수 있는 거대한 자연이다. 어디를 가도 하늘과 시원한 강줄기를 마음껏 즐길 수 있다. 특히 운동을 좋아하는 사람들에게 한강은 파라다이스다. 동네 공원에서 하던 달리기나 자전거 타기와는 스케일이 다르기 때문이다. 강물처럼 가고 싶은 곳으로 가고 싶은 만큼 자유롭게 이동 가능하다. 한 주 동안 모니터 앞에서 움츠러든 어깨와 뻐근한 목을 시원하게 펴고 신나게 달리고 싶다면 한강공원만 한 여행지가 없다.

문화탐방, 예술이 모인 동네에서 교양 쌓기

그림이나 조각 같은 예술품은 해설이나 인문학 서적으로 만나는 것보다 눈으로 직접 보고 느끼는 것이 효과적인 감상이다. 업무나 학업 스트레스로 굳어버린 머리를 다시 말랑말랑하게 하는 데 좋은 방법이기도 하다. 남부터미널역의 예술의 전당, 경복궁역의 서촌, 안국역의 삼청동길에 숨어 있는 작은 갤러리들, 한강진역의 리움미술관, 시청역의 서울시립미술관은 뉴욕, 파리, 런던에서 만나는 세계적인 박물관 못지않은 수준에 건축디자인 또한 한국적 정서가 더해졌다는 매력이 있다. 토요일 아침 일찍 주변에서 모닝커피를 한잔한 뒤, 개관시간에 맞춰 가보면 평화롭게 감상할 수 있다.

《찰리와 리즈의 서울 지하철 여행기》의 저자인 미국인 찰리와 리즈는 우연한 기회에 한국과 만나고 본격적인 서울 탐험을 결심한 여행가다. 한국의 진짜 얼굴을 보기 위해 서울 지하철을 타고 여행을 하기로 하고, 외국인들의 성지인 홍대, 강남, 이태원이 아니라 서울사람도 잘 모르는 진짜 서울을 돌아다녔다. 그들은 한 인터뷰에서 서울의 속살을 발견하는 매력을 다음과 같이 설명했다.

"도시 속에서 산다고 해서 그 도시를 알게 되는 건 아니잖아요. 도시 대한 '앎'은 자연스럽게 습득하는 게 아니라 노력해야 얻을 수 있습니다. 서울 구석구석 뻗어 있는 지하철로 여행하다 보니 서울의 명소나 관광지뿐 아니라 웬만한 동네와 골목, 알려지지 않은 곳까지 찾게 돼요. (…) 그런 면에서 지하철은 매우 유용하고 민주적인 시스템이에요. 누구나 1,150원만 있으면 서울의 어느 곳이나 갈 수 있으니까요."

누구나, 언제, 어디든 떠날 수 있게끔 도와주는 민주적인 여행이 바로 지하철 여행이다. 계획을 세우지 않더라도, 돈이나 시간이 없더라도 언제든지 떠날 수 있다. 주말 오전에 느긋하게 출발해서 몇 시간 동안 즐기고 집으로 돌아올 수 있는 반나절의 행복이다. 퇴근 후에도 가능하고 반차를 내고 살짝 일탈하더라도 충분하다.

여행은 이래야 한다는 정답은 없다. 장소와 시간에 따른 기준도 없다. 여행자의 시선으로 마주하는 공간마다 새롭게 바라볼 줄 알면 된다. 내가 사는 도시의 여행자가 되어보는 것만큼 자주 여행하는 방법이 또 있을까?

외국어 울렁증?
언어 실력보다 중요한
여행자의 자세

여행을 하는 것은 도착하기 위해서가 아니라 여행하기 위해
서다.
_괴테

"캔 유 스피크 잉글리시?"

수없이 듣기를 반복했던 영어 문장. 마음속으로는 이미 '예스 아이
캔!'을 시원하게 외쳤시만 낯선 외국인 앞에 서면 이유 모를 부끄러
움에 입이 쉽게 열리지 않는 게 사실이다. 도대체 그놈의 꼬부랑말이
뭐라고 왜, 왜, 왜?

애증의 외국어는 우리의 평생 콤플렉스다. 어디 언어 배우는 일이
책 한 권 마스터하면 끝날 정도로 쉬운가? 그런데도 적성에 맞건 안
맞건, 문과건 이과건 하나같이 외국어 때문에 난리다. 외국어로 능력

을 평가하는 세상에서 변변치 않은 사람은 어디 가서 영단어 하나 내뱉기도 쑥스럽다. 결국 외국어를 잘해야 편하게 산다는 압박은 외국어가 유창하지 않으면 타지에서 고생할 거라는 선입견으로 이어진다.

평소 여행이라는 주제로 주변 사람들과 이야기를 나누어보면 해외여행은 곧 언어에 대한 부담임을 느낄 수 있다. 가까운 나라 중국이나 일본만 해도 그렇다. 어느 나라보다 지리적, 문화적으로 유사한 부분이 많은데도 말이다.

"중국 여행? 중국어 할 줄 알아? 말 안 통해서 사기당하면 어쩌려고……."

"일본을 3번이나 갔다고요? 일본어 잘하시나 봐요."

그러나 내 대답은 늘 반대다.

"중국어? '니하오'밖에 몰라. 말 못하면 여행도 못 가나?"

"일본어 전혀 못해요. 그래도 좋은 추억 많이 만들어서 오는 걸요. 그러니까 또 가고 싶고, 갈 수 있는 거고요."

무식해서 용감하다고 생각할 수도 있겠다. 하지만 국경 너머의 땅을 밟고 새로운 문화를 계속 접하면서 낯선 사람들을 만나면 만날수록 '언어의 장벽'은 '심리적 장벽'에 불과했음을 실감한다. 두려움이 만들어낸 상상 속의 벽. 좋은 학벌, 높은 아이큐를 가지고 있어도 실무능력과 늘 비례하지 않는 것처럼, 언어에 능하다고 무조건 그 문화를 잘 이해하는 건 아니고, 낯선 환경에 잘 적응하는 것 또한 아니다.

외국에 가면 말보다 몸이 앞서는 여행자가 있다. 교과서 영어답게 문법, 어휘, 발음을 머릿속으로 일일이 다 계산하는 게 먼저다. 결국 말을 던지는 타이밍을 놓치고 어정쩡한 표정과 몸이 어설프게 먼저 반응한다. 답답한 건 자기도 마찬가지일 것이다. 그렇다고 시종일관 무표정으로 입을 굳게 다물기만 할 것인가? '접근금지'라고 얼굴에 써 붙여놓은 채로 말 한마디 먼저 꺼내볼 용기는 어디로 간 걸까? 자유와 변화를 꿈꾸며 떠났음에도 정작 말 몇 마디 때문에 여행을 마음껏 누리지 못한 것인가?

떠나고 싶은 욕망과 소질 없는 외국어 때문에 뒷걸음치는 소심함 사이에서 줄다리기 중인 사람들에게 나는 말한다. 여행에서 소통은 유창한 언어 실력보다 여행자의 자세가 우선이다. 마음과 마음을 잇는 것이 소통의 본질이고, 그 본질은 국적과 인종에 상관없이 유효하다. "진심은 통한다"는 어느 광고 문구처럼 소통은 기술이 아니라 공감이다. 낯선 곳에서 감정 표현에 자유로워질 줄 아는 예술가적 성향, 다름을 인정하는 열린 마음이면 이미 여행자로서 소통의 기본 자질은 갖춘 셈이다. 이것이 여행자의 소통법이다.

이제 낯선 환경에서 낯선 사람을 앞에 둔 우리에게 필요한 것은 외국어 회화 능력이 아니라 소통이다. '외국어' 울렁증이 아니라 '외국인' 울렁증을 깨야 한다. 유창하지 않아도 좋다. 글로벌 여행자로서 다음과 같은 세 가지 소통의 기본자세만 단계별로 갖추면 어디서 누구든지 친구를 만들 수 있다.

첫째, 어딜 여행하든 현지 언어의 기본 표현은 미리 준비한다.

방문하는 나라의 언어 몇 마디면 된다. 시중에 나온 가이드북 뒤편에 나오는 기본 회화 중에서도 아주 기본적인 표현들을 적어두고 떠나기 전에 미리 익혀두자. 발음도 해보며 미지의 그곳을 상상하면 여행의 설렘을 미리 느껴볼 수 있을 것이다.

"안녕하세요", "감사합니다" 두 마디는 필수다. 영어가 세계 공용어라 하더라도, 단순한 말 한마디라도 현지어와 영어로 말하는 것은 큰 차이가 있다. 입장을 바꿔 우리나라에 여행 온 외국인이 한국어로 "안녕하세요"를 말한다고 상상해보자. 서툴지만 상대 문화를 이해하려는 노력이 보여 관심이 간다. 여행자가 "안녕하세요"를 현지어로 말하는 행동은 단순한 안녕의 의미 그 이상이다. '저는 당신의 문화를 존중합니다'라는 의사가 반영되어 있다. 또한 "땡큐" 대신 현지어로 "감사합니다"라고 말하면 '잘 모르는 저에게 호의를 베풀어주셔서 감사합니다'라는 뜻도 함께 전달된다. 발음은 미숙하지만 노력하는 여행자에게 현지인의 마음이 먼저 열릴 것이다. 단 몇 마디로 여행은 훨씬 즐거운 추억이 된다.

둘째, 친절한 인사는 호감의 기본이다.

물어볼 것이 있거나 대화를 하고 싶은 의도가 있어야만 인사를 하는 건 아니다. 우연히 눈이 마주치거나 얼굴을 마주하는 경우에도 "실례

합니다", "안녕하세요" 하고 인사하자. 말이 쑥스럽다면 눈인사도 좋다. 인사는 상대의 마음을 여는 첫 번째 관문이자 호감을 얻기 위한 기본자세다. 새로운 환경과 문화, 사람을 즐기러 온 여행자에게 친절한 인사는 인연의 기회가 될 것이다.

셋째, 자신감을 담은 제스처와 표정으로 매력을 어필한다.

말도 제대로 통하지 않는 곳에서 대담해지는 용기가 필요하다. 수년간의 사회생활로 움츠러들었던 어깨를 펴고 배짱을 부려보자. 여행의 즐거움을 미소로 표현하자. 자신감 있는 제스처와 웃는 얼굴은 서투른 외국어 실력을 용서해줄 만한 인간적인 매력이다. 카페나 레스토랑에서 서버에게 웃음을 머금은 얼굴로 인사해보자. 길을 잃었다고 난처한 표정을 짓지 말고 미소 띤 얼굴과 당당한 몸짓으로 지나가는 사람에게 물어보자. 당당함은 대화를 지속할 수 있는 원동력이다.

여기에 하나 더, 궁금한 현지어 표현이 있다면 자신 있게 물어보자. 자기 나라 언어에 관심이 있는 외국 여행자에게 불친절한 현지인은 없다. 실제로 나는 싱집, 카페나 레스토랑에서, 택시를 탔을 때, 관광안내소에 갔을 때 자주 물어보는 편이다. "맛있다", "좋아요" 등 여행 중 밥 먹듯이 사용하는 표현이나 기본적인 인사말의 지역 사투리는 어떻게 되는지 묻는다. 자주 사용하는 간단한 표현과 사투리를 알아뒀다가 예상 밖의 상황에서 던지기도 한다. 서로 웃자고 하는 나름의 유머이기도 하다.

"언어가 통하지 않는 것은 여행을 아름답게 만든다."

대만 작가 후칭팡은 언어의 장벽 때문에 여행을 즐기지 못하는 소심한 여행자들에게 위로의 말을 전한다. 그녀는 언어가 주는 충격으로 여행의 낭만이 깨진다고 이야기한다. 언어의 현실성 때문에 가끔은 같은 민족보다 말이 통하지 않는 이방인과 더 쉽게 교류할 수 있다는 사실을 발견한다. 같은 언어를 쓴다고 친구가 되는 것도 아니고, 같은 언어를 말하는 동포가 아니더라도 사랑할 수 있다. 언어를 알아갈수록 언어를 뒷받침하는 정치적, 사회적 관념도 함께 흡수되기 마련이다. 언어의 틀을 탈피하면 상대에게 본래의 순수함을 보여주게 된다. 이런 점에서 말이 서투른 여행자일수록 길 위의 낭만에 빠져 더 순도 높은 여행을 할 수 있다. 때로는 대담한 4차원 여행자가 되어보는 것도 좋다.

외국어가 딸린다며 여행을 꿈꾸기만 하는 소심한 여자들이여, 말이 안 되면 마음으로 자신을 용기 있게 표현하자. 친절함과 자신감이라는 매력으로 낯선 땅에서 소통하자. 현지와 통하는 만큼 재미있는 모험이 기다릴 것이다.

여행의 경계를 허물면
우리는 늘
여행 중이다

진정 무엇인가를 발견하는 여행은 새로운 풍경을 바라보는
것이 아니라 새로운 눈을 가지는 데 있다.
_마르셀 프루스트

여행이 끝날 때가 되면 늘 침울해지기 마련이다. 여
행의 아쉬움도 있지만 잠시 잊고 있던, 나를 기다리는 현실이 스멀스
멀 기억해달라고 찾아온다.

"정말 돌아가기 싫다……."

자기도 모르게 삶의 터전을 부정한다. 그렇다고 돌아가는 비행기
표를 취소하고 낯선 이국에 눌러앉을 수도 없다. 돌아가면 나를 기다
리고 있는 해야 할 일들, 반복되는 일상의 패턴, 매일 얼굴을 마주하
는 사람들이 벌써부터 마음을 무겁게 한다. 현실에 다시 돌아오면 어

제까지 여행자로 살았던 시간이 마치 지난날의 꿈처럼 느껴진다. 현실에 다시 몸을 조금씩 담그고 현실에 점점 잠겨갈수록, 여행은 내 경험이 아닌 환상처럼 멀어지고 겨우 살아났던 오감도 잊혀간다.

여행지에선 사소한 볼거리라도 기분 좋게 받아들이고 놓치길 아쉬워하지만, 일상에선 왜 그러지 못하는 걸까? 주변에서 늘 그대로 자리를 지켜온 것들을 내가 원하는 목적의 수단이라고 여길 뿐, 왜 우리는 그 속에서 기쁨을 누리지 못하는 걸까? 여행과 삶의 괴리는 좁힐 수 없는 걸까?

나무가 좋아 주변 산야에서 정원을 만들기 시작했으며, 지금은 죽설헌 원림을 조성하고 자연 속에서 살고 있는 박태후의 《죽설헌 원림》을 읽으며 찔레꽃을 저평가하는 우리의 자세가 안타까웠다. 찔레꽃은 감미로운 꽃향기를 가진 수수해 보이는 하얀 꽃으로, 대한민국 대표 장미로서 수입 꽃과 비교해도 손색없을 정도로 빼어나다. 그러나 꽃이라면 화려한 색과 커다란 꽃송이만 주목하는 우리의 외국 장미 사랑으로 찔레꽃의 존재감은 점점 작아지고 있다.

"우리는 우리 것을 너무 몰랐다. '등잔 밑이 어둡다', '동네 점쟁이보다는 먼 데 점쟁이가 더 용하다'는 우리네 속담이 말해주듯 가장 가까이에, 가장 흔하게 있는 것에 관심을 두지 않고 오히려 무시하는 경향이 짙었다."

요즘 내가 가장 즐겨 찾는 여행지는 사는 곳에서 멀리 있지 않다.

바로 집 앞 공원이다. 남편 따라 신혼살림을 시작하게 된 대전은 녹지율이 상당히 높은 도시다. 덕분에 동네 공원에도 큰 나무들이 작은 언덕을 따라 등산로처럼 구불구불하게 나 있는 아기자기한 산책로가 있다. 낮의 열기가 가라앉으며 선선해진 저녁 시간, 동네 슈퍼에서 500원짜리 아이스크림을 사서 입에 물고 천천히 길을 나서 공원으로 여행을 떠난다. 다정히 가족과 이야기하며 산책 중인 사람들, 운동장에서 마음껏 공을 차고 뛰어다니는 씩씩한 아이들, 졸래졸래 주인을 따라다니는 귀여운 강아지, 아빠에게 열심히 자전거 타기를 배우는 어린 꼬마, 벤치에 앉아 통기타를 들고 노래 연습을 하는 젊은 친구들은 나와 동행해주는 동네 공원 여행자들이다.

흙바닥에는 개미들이 줄을 지어 한창 작업 중이라 함부로 발걸음을 옮겨선 안 된다. 여기에 새하얗게 떠오른 달, 바람에 이파리가 서로 부딪히며 소리 내는 나무들의 아름다운 합주곡, 선선히 불어오는 바람과 함께 코끝에 닿는 풀냄새까지 대전의 공원은 파리의 뤽상부르 공원과 비교해도 절대 뒤처지지 않는다. 박태후의 죽설헌 정원 찔레꽃처럼, 동네 공원 산책은 등잔 밑에서 여행의 기쁨을 되찾는 시간이다.

가장 가까이, 가장 흔하게 있는 것들에 그만큼 기회도 많은 법이다. 여행의 경계는 국경이 아니다. 마음의 벽이다.

현실에 안정적으로 정착하지도, 속 시원하게 아예 벗어나지도 못하는 우리에게 절실한 것은 단순히 비행기를 타고 먹고 쇼핑하고 돌아오는 여행이 전부가 아니다. '의미부여의 기술'이다. 여행에서 만난 모든 대상에 감동적인 의미를 부여했던 것처럼 주어진 삶도 자기 스타일대로 개성 있게 받아들이는 자세가 필요하다. 스스로를 위한 마음의 쉼터를 마련하기 위해서다. 지금 내가 있는 이곳보다 나은 어딘가에 대한 갈망이 여행의 니즈를 만들었다. 그러나 그 '어딘가'도 누군가가 밥벌이를 위해 애쓰는 삶의 터전이며, 누군가에게는 익숙한 '이곳'이기도 하다. 호기심을 자극하는 새로운 미지에 대한 그리움을 조금이나마 매일 해소하는 방법은 결국 '여행자 마인드'에 달려 있다.

"새로운 것을 발견하고 싶으면 어제 걸었던 길을 다시 걸어라."

미국의 심리학자 알렉산드라 호로비츠 박사는 진정으로 본다는 행위에서 대상을 읽는 사람들의 시선이 얼마나 제한적인지, 그 부주의에 대해 실험한다. 관찰 장소는 바로 호로비츠 박사의 동네 산책길인 맨해튼의 골목길이었다. 그녀는 매일 반려견과 이 길을 산책하다가 관찰하는 주체에 따라 그 대상이 전혀 다른 경험으로 다가올 수 있다는 사실에 호기심을 가졌다. 그리고 지질학자, 일러스트레이터, 의사, 시각장애인, 음향 엔지니어, 도시사회학자 등 11명의 각 분야 전문가들과 함께 같은 길을 11번 걸으며 그들의 피드백을 기록한다. 골목에 늘 존재해왔지만 박사가 무시하느라 미처 발견하지 못한 것들을 11명 동행자들의 각기 다른 시선에서 얻어낸다. 11명의 관찰자가 각자 자신만의 관점에서 발견한 맨해튼 뒷골목을 공유하고 난 뒤, 박사에게 동네 산책길은 전혀 다른 새로운 길이 되었다.

"이 산책이 내 머릿속에 미친 영향은 손에 잡힐 정도로 또렷하다. 내 시야는 완전히 달라졌다. 이제 내 머리는 나뭇잎에서 벌레혹을 찾아보고, 에어컨이 윙윙대는 소리를 듣고, 도시 골목에 버려진 쓰레기의 역겹도록 달콤한 냄새, 또는 내 얼굴에 남은 비누 냄새를 맡을 수 있게 준비 태세를 갖추고 있다. 나는 이제 나 자신의 숨소리를 들을 수 있고, 심장 고동을 느낄 수 있고, 길을 걷다가 거리의 다른 행인들과 공간을 협상할 때 몸무게가 어느 쪽으로 쏠리는지 감지할 수 있다. (…) 나는 우리가 모두 한때 지녔으나 느끼는 법을 잊고 있었던 것, 바로 경이감을 되찾았다."

결국 사람은 보던 것만 볼 줄 안다. 익숙한 것에 안락함을 느끼는 부주의한 시선을 가진 우리는 세상의 수많은 것들을 얼마나 많이 놓치며 살고 있을까? 호로비츠 박사의 동네 산책길 실험은 '일상생활을 새롭게 읽을 줄 아는 눈'으로 깨어난 삶을 살라는 메시지를 전해준다.

얼마나 멀리 여행하는가, 얼마나 오래 떠나 있는가는 여행자 마인드의 핵심이 아니다. 얼마나 많은 것을 깊이 있게 인지하는지가 중요하다. 여행의 경계는 주관적이다. 우리가 충분히 보고 듣고 느꼈다고 단정 지었던 익숙한 길에서도 새로운 기쁨을 찾을 수 있는 여행자다운 시선이 여행의 경계뿐만 아니라 삶의 지평도 확장해줄 것이다.

이제 출근길을 산책길로, 동네의 작은 카페를 나만의 힐링 공간으로, 집 앞 공원을 가장 가까운 숲으로 여기며 널려 있던 소소한 즐거움을 발견해보자. 익숙하다는 이유로 소홀히 대하던 공간에서 자신의 손과 발, 눈과 귀를 여행자 모드로 작동시키자. 몸이 살아나면 생각이 깨어난다. 신선한 감각과 생각은 무뎌질 정도로 편안하게 여겼던 생활 영역을 또 하나의 여행지로 만들어줄 것이다. 여행자의 눈으로 새롭게 재탄생한 일상 속에서 우리는 늘 여행 중이다.

수많은 여행가들은 여행에서 인생을 살아가는 지혜를 배운다고들 한다. 길 위에서 체득한 지혜를 일상에서 실천하며 살아가는 것이 여행의 진정한 역할이 아닐까? 일상생활 속 나만의 쉼터를 통해 여행이 있는 삶을 만들어가자.

Part 003

진정한
나를 찾아가는
6가지
여행의 기술

하나의
테마에 충실한
여행을 한다

여행을 떠날 각오가 되어 있는 사람만이 자기를 묶고 있는
속박에서 벗어날 수 있다.
_헤르만 헤세

어느 날 카페에서 의도치 않게 옆자리에 앉아 있는
두 여학생의 대화를 들었다. 시간이 지날수록 서로 언성이 높아지는
분위기에 나도 모르게 귀를 기울였다. 비장한 표정과 말투로 이야기
하고 있는 그녀들의 대화 주제는 여행이었다.

"파리에선 여기랑 여기를 꼭 가야 해. 내가 지도에 표시해놨어."

"그렇게 이동이 많으면 돈이 많이 들잖아. 난 많이 걸어 다니는 것
도 질색인데."

"그래도 어렵게 가는 유럽인데 아깝지 않아? 암튼 넌? 뭐 생각해

놓은 거 있어?"

"우리 쇼핑은 안 해? 파리 가면 다들 쇼핑이 필수라던데. 그리고 음식은 비싸더라고. 예산을 확실히 짜놓아야 할 거 같아."

"먹는 거야 샌드위치나 빵으로 대충 때우면 되지 않나? 너 명품 살 거야? 난 돈 없어."

"그래도 프랑스까지 가서 루이뷔통 가방이나 지갑 하나 정돈 사와 야지."

아무리 친한 친구끼리 배낭여행을 가도 결국 싸우고 남남이 되어 사이가 멀어진다고들 하는데 정말 틀린 말은 아닌가 보다. 두 여학생은 의견은 달라도 너무나 달랐다. 각자 성격과 취향이 다르듯, 여행 장소가 같더라도 가보고 싶은 것도, 하고 싶은 것도, 기대하는 것도 다르다. 그날 두 예비 여행자는 합일점을 찾지 못한 채 자리를 떴다. 여행은 상상력과 감성이 복합적으로 결합하여 창조되는 개인적인 이벤트이므로, 나 아닌 누군가와 여행을 100% 공감하기란 쉽지 않음을 알아야 한다.

한정된 예산과 시간으로 최대한 알찬 여행을 즐기고 싶어 하는 여행자에겐 최대한 더 많은 것을 보고 오는 것이 목적이다. 단기 영단어, 단기 다이어트 등 뭐든지 속성으로 해치우는 방식이 최선이라고 여겨온 그들은 여행도 '한 번에 많이'이다. 남들이 다녀왔다는 곳은 나도 보고 싶고, 맛있는 음식 사진을 보면 꼭 먹어봐야 하고, 도시를 대표하는 건축물과 박물관은 안 가면 안 될 것 같고, 여행 인증을 위한 쇼핑을 빠뜨리면 서운할 것 같아서 욕심을 부리며 수많은 목록을 계획에 꾸역꾸역 집어넣는다. 누구보다 완벽한 여행을 꿈꾸며.

그러나 여행지에 도착하면 예상치 못한 상황이 발생하기 마련이다. 낯선 환경에서 우리가 예측한 시나리오대로 순순히 진행되리라는 예상은 너무나 낙천적인 오해다. 공항에 도착하는 순간부터 우리는 현지의 룰에 따를 수밖에 없는 이방인일 뿐이다. 생각보다 늦게 도착한 비행기 때문에 일정표에 나온 버스를 놓치거나, 지하철역의 수많은 출구가 예상 경로대로 가야 하는 나를 혼란스럽게 한다. 먹고 싶었던 음식점이 문을 닫는 바람에 어쩔 수 없이 식사할 곳을 찾아 돌아다니기도 하고, 갑자기 등장한 비바람으로 해변에서의 반나절은 숙소에서의 반나절이 되어버린다.

그뿐만이 아니다. 가야 할 곳으로 꽉 찬 하루 일정에 쫓기다 보면 여유와 자유를 위해 떠난 여행자의 마음은 급급하기만 하다. 하고 싶었던 일정은 해야 하는 일정으로, 여행은 또 하나의 노동으로 변한다.

저렴한 경비로 더 많이 이동하는 효율적인 여행을 원하는 사람들의 니즈를 반영한 것이 패키지여행이다. 여행 전문 업체의 손과 발을 빌려 편하게 여행할 수 있다는 장점이 있지만, 싼 게 비지떡이라는 불평불만도 적지 않다. 다수의 니즈를 평준화하여 일정을 짜다 보니 개개인의 입맛에 맞지 않는 부분이 있는 것은 당연하다. 그래서 수동적인 여행자로 만드는 패키지여행에서 벗어나 자유여행과 맞춤여행의 수요도 늘고 있다.

욕심에 맞춰 무리하게 여행계획을 세웠던 사람들은 아마도 뜨끔할 것이다. 여행은 그 누구와 비교하지 않아야 하며, 많이 이루려는 욕심을 덜어내야 휴식이 휴식다워진다. 휴식을 하며 현지 문화를 체험하겠다는 여행스타일이 최근 인기를 끌면서 관심사에 맞춰 한 도시에만 머무르며 그 지역의 매력을 충분히 즐기는 '생활여행' 방식의 일정을 선호하는 사람도 많아지고 있다. 관광을 거부하고 진짜 여행을 추구하는 여행자들로 인해 여행문화는 점차 적극적이고 창의적으로 변하는 추세다.

맞춤형 여행일수록 선택과 포기가 확실해진다. 원하는 인생을 살려면 세상과의 수많은 연결고리 가운데 선택하고 포기할 것이 많아지듯이 말이다. 일정이 심플할수록 마음엔 여유가 생긴다. 여행의 테마가 뚜렷할수록 매 순간마다 몰입도도 높아진다. 한 번의 여행을 커다란 하나의 콘셉트로 묶는다면 이점이 많아진다. 사전 정보 검색에 재미가 생기고, 뚜렷한 목적이 생기니 발견하고 깨달아가는 즐거움으로 점점 흥미진진해진다. 다른 사람과 같은 여행지에 머물더라도 특정 분야에서는 누구보다 전문가가 되는 기분이랄까?

평소 관심사로 콘셉트를 정하는 것이 가장 쉽다. 테마여행은 공통된 주제로 동선을 짜야 하므로 사전 조사는 필수다. 너무 빡빡한 일정으로 쫓기지 않도록 주의하자. 테마여행을 시작하는 여행자들은 부담 없이 즐길 수 있는 다음과 같은 주제부터 도전해보는 것이 어떨까?

예술여행

사진, 건축, 명화와 같은 미술, 오페라나 재즈 같은 음악 등으로 세분화할 수 있다. 예술품이 잘 보존되어 있고, 예술 장르들이 발달한 유럽과 일본이 여행하기 좋다. 전공 분야를 주제로 테마여행을 떠난 예술가나 학자들이 쓴 책이 있으니 일정을 짜는 데 여정과 리뷰를 참고하자. 미술평론가로 유명한 이주헌의 《50일간의 유럽 미술관 체험》, 여행작가 최상운의 《파리 미술관 산책》, 문화전문기자 윤하정의 《공연을 보러 떠나는 유럽》, 국내에서 예술여행을 꿈꾼다면 유홍준의 《나의 문화유산답사기》가 대표적으로 참고할 만하다.

미식여행

"여행 후 체중계 위에 멍하게 서서 여행지에서 정신없이 폭식한 것을 후회하지 않는다면 그것은 여행이 아니다."

작가 타다 치카코의 말처럼 먹기가 인간의 본능인 만큼 음식은 여행의 최대 관심시다. 현지 재료로 맛을 살린 레스토랑, 식재료를 상품으로 볼 수 있는 델리숍, 서민들의 길거리 음식, 현지인들의 식생활을 관찰하기 가장 좋고 소스와 향신료들을 구입할 수 있는 슈퍼마켓까지 어딜 가나 여행의 소재는 풍부하다. 특히 술과 디저트는 최고의 미식여행 주제다. 와인과 맥주는 나라와 양조장마다 역사와 개성이 다르므로 비교하며 맛보는 재미가 쏠쏠하다. 또한 여자들에게 빵과 디저트는 기분 좋아지는 달콤한 음식이다. 현지에서만 맛볼 수 있는 디저트는 식문화의 교양을 쌓는 데도 도움이 된다. 국내의 미식여행은 지역별로 나눠 일정을 짜는 것이 좋다. 남도 한정식여행, 불고기여행, 포구 횟집여행, 전통시장 음식여행 등 친숙한 콘텐츠를 창의적으로 짜보자. 입이 즐거운 미식여행을 위해 잠시 다이어트는 미루기!

문학여행

우리가 사랑한 문학가들과 소설을 여행으로 만드는 것은 타임머신을 타고 제3의 공간으로 가는 것과 같다. 작가가 살던 고장, 작품이 탄생한 곳, 소설 속 장소들은 독자에게 여전히 살아 있는 곳으로 남아 있기에 내가 아닌 제3의 인물이 되어 여행하는 기분이 든다. 신문기사에 유년 시절 무라카미 하루키가 살았고 그의 작품에도 영향을 미친 교토와 고베 순례여행이 소개된 적이 있다. 스물아홉의 하루키가 글을 써야겠다고 다짐했던 야구장, 하루키의 모교 고베 고등학교, 즐겨 찾는 조깅 코스, 교토의 가모가와 강까지 하루키의 책을 읽은 원정대들의 상상을 통해 하루키 문학여행이 만들어졌다. 서유럽의 문학을 찾아다니며 암을 치유한 전규태 교수의 《단테처럼 여행하기》, 소설가 함정임의 《소설가의 여행법》, 국내 예술가들의 삶과 작품의 자취를 밟아나간 곽재구 시인의 《예술기행》 등을 참고하면 좋다.

떠난다는 단순한 의미에서 더 나아가 낯선 공간에서 무언가에 몰입해보는 여행으로 나만의 여정을 창작해보자. "라르 드 비브르!(L' art de vivre, 삶은 예술이라는 의미의 프랑스어 표현)"처럼 삶이 콘셉트가 담긴 예술로, 당신은 관광객(tourist)이 아니라 여행가(traveller)로 거듭나는 기회다.

여행마다
버킷리스트를 만들고
실천한다

> 여기서 더 긴 여행을 떠나지 않으면 너는 집에 못 돌아가리
> 라!
> _이성복 《네 고통은 나뭇잎 하나 푸르게 하지 못한다》 중에서

인생의 버킷리스트를 물으면 10명 중 8명이 배낭 여행이나 세계 일주라고 답한다. 이젠 더 나아가 여행 카테고리 안에서도 각자가 구체적인 버킷리스트를 만드는 시대다. 최근 '한복 입고 배낭 여행하기'가 젊은 여행자들 사이에서 유행이다. 한국을 알리고 잊지 못할 독특한 추억을 만들고 싶은 마음이 모여 한복 입는 배낭여행자들이 늘어나고 커뮤니티까지 생길 정도라고 하니, 생각을 행동으로 옮기는 여행자들의 열정이 대단하다. 전통 의상을 입고 이국적인 장소에서 인증사진을 찍은 그녀들의 미소는 승리자처럼 빛나고

당당해 보인다. 한복을 입고 여행하며 외국인들과 사진을 찍거나 대화할 기회도 많아졌다니 글로벌한 만남까지 얻은 특별한 추억인 셈이다. 이처럼 버킷리스트를 만들고 행동으로 옮기는 일은 삶에서 기회를 열어주는 힘이기도 하다.

변호사이자 작가로 활동하는 미셸 코비는 올해 40살이 되었다. 그녀는 나이 앞자리의 숫자가 바뀌었더라도 아직 사랑과 야망, 희망에 끓어오르는 20대인 것처럼 느껴진다고 했다. 삶의 절반을 살며 지난 30대를 되돌아보고 깨닫게 된 것들을 블로그에 적었고, 그 글은 허핑턴 포스트에 실리며 화제가 되기도 했다. 39개의 목록 중 다음 두 가지는 인생에 대한 그녀의 적극성을 보여준다.

"매년 이루고 싶은 일들의 버킷리스트를 만들어라. 큰일이든 작은 일이든 상관없다. 다 이루지 못하거나 나중에 생각난 것들을 추가해도 괜찮다. 그게 리스트의 좋은 점이다. 리스트와 함께 당신도 변한다."

"두려워하지 말고 원하는 것을 요구하라. 거절이 당신을 막게 하지 마라. 새로운 기회에 대한 초대로 받아들여라."

건전한 욕망은 인생에서 중요한 원동력이 된다. 코비는 자신의 욕망을 버킷리스트로 정리했으며, 매년 새로운 삶을 위해 도전에 응했다. 목표를 가져야 인생에 긍정적인 변화가 생긴다.

우리가 늘 로망으로 삼는 여행도 마찬가지다. 여행에 버킷리스트를 만들면 다른 무엇보다도 여행을 우선순위로 만들어준다. 보장되지 않는 미래를 바라보며 불안에 떠는 세대가 추구하는 안정된 삶은 한편으론 주어진 틀 안에서만 생각하고 행동하게끔 한다. "사람은 저마다 특성이 있다. 남을 닮으려 하는 데서 병이 생긴다"는 법정 스님의 말처럼, 우리는 지금 '남들만큼만', '평균 정도는'이라는 안정추구병에 시달리고 있다. 제한된 일과에서 조금씩 벗어날 수 있는 여행의 버킷리스트를 세워 틀에 얽매이지 않는 생활을 체험해보자. 가고 싶은 여행 목록을 통해 떠나야 하는 정당성을 확인하면 자유를 향한 의지가 확고해질 것이다. 좋은 집, 좋은 차, 좋은 직장 등 소유함으로써 만족을 느끼는 데 익숙한 자본주의 세대에게 순수하게 나 자신의 욕망으로 구성된 여행은 도전과 변화를 맛보게 한다.

한때 직장 동료였던 J양은 늘 화려하게 꾸미는 것을 좋아하고 언제나 흐트러짐 없는 모습만을 보여주었다. 그녀의 옷과 구두, 가방은 신상으로 정기적으로 업데이트 되었고, 그런 그녀의 패션을 보는 게 작은 재미이기도 했다.

"이번 징검다리 휴일에는 휴가 하루 써서 어디라도 다녀오면 좋겠는데."

트렌드 쫓기에 바쁜 그녀가 웬일로 여행을 고민하고 있었다.

"그래, 가로수길이나 이태원 맛집 가는 것도 좋은데 새로운 곳 여행해보는 것도 괜찮아."

"가까운 데 가더라도 100만 원은 깨질 텐데. 맞지? 그럼 핸드백

하나 족히 사겠네."

"여행이랑 핸드백이랑은 완전 다른 개념이잖아."

"다른 개념이지. 핸드백은 내 옷장에 계속 있으며 수시로 즐길 수 있지만 여행은 단 며칠 만에 끝나버리는걸."

J에게는 버킷리스트보다 위시리스트가, 자유보다 소유가 더 중요한 듯했다.

요즘 도시생활인이면 누구나 하나쯤 장만하는 명품 구두와 핸드백처럼 세일기간과 카드 할부로 소유하고 싶은 것들은 손에 넣으면서 여행은 행동으로 옮기지 못하는 이유가 뭘까? 여행이 인생에 영향을 미치는 가치 있는 이벤트라는 것은 알지만 동기부여가 되는 구체적인 대상이 없기 때문이다. 주어진 환경에서 자유보다 소유를 선택한다면 변화하는 삶이 아니라 늘어나는 명품 가방과 구두로 꽉 찬 옷장만이 남게 될 것이다. 나중에는 여행 대신 중고시장에 가야 할 판이다.

인생의 버킷리스트도 진지하게 생각해본 적이 없는데 무슨 여행 버킷리스트냐고? 여행의 버킷리스트는 오히려 단순하다. 가고 싶은 곳과 그곳에서 하고 싶은 것만 생각해보면 된다. '무엇을' 할 것인지 결정했다면 '어떻게' 할 것인지 방법을 구상하게 된다.

여행이 대중화된 시대에 여행정보는 지하철역의 무가지들처럼 널려 있다. 인터넷 뉴스도 좋고, 일간지 주말 코너의 여행 기사도 좋다. 블로거들의 여행 포스팅도 참고할 수 있고, 여행책 속 작가의 에피소드와 사진에서 가보고 싶다는 충동을 느낄 수도 있다. 막연하다고 생각할지도 모르지만, 가고 싶은 곳과 그곳에서 무엇을 하고 싶은지 미리 상상해보자. 언제쯤 떠날 수 있을지 가늠하면 '여행 자금 모으기', '휴가 계획 세우기' 등 여행의 버킷리스트를 위한 구체적인 아이디어가 자연스럽게 떠오를 것이다.

나에게 홍콩은 특별하다. 대부분 쇼핑과 음식의 천국으로만 알고 있는 주말 도깨비 여행지 홍콩이 아니라, 버킷리스트를 통해 나만의 특별한 홍콩을 만들었기 때문이다. 가이드북의 뻔한 경로를 거부하고 만든 나만의 홍콩 여행 버킷리스트는 다음과 같다.

⊘ 홍콩의 해변문화 즐기기
  태닝, 독서, 시원한 맥주로 현지인처럼 반나절 보내기

⊘ 왕자웨이 감독 영화의 자취 따라가기
  〈중경삼림〉의 미드레벨 에스컬레이터 타보기
  〈화양연화〉 속 장만옥의 치파오 의상 입어보기
  장국영의 딤섬 맛집 '예만방'에 가서 점심식사 하기

⊘ 빅토리아 피크에서 아침 산책하기
  짧은 일정에도 조용히 나만의 시간 갖기

⊘ 예술문화 체험하기
  할리우드 로드와 성완 지구의 작은 갤러리, 샵 구경하기 늘 짧은 일정 속에서 바쁘게 움직일 수밖에 없었던 홍콩은 머물렀던 기간에 비해 그 어느 곳보다 특별한 추억이 많은 여행지가 되었다. 스탠리 해변의 바에서 낯선 여행자와 말동무가 되었으며, 영화의 배경이었던 미드레벨 에스컬레이터를 타고 그 장면에 나오는 음악인 〈캘리포니아 드림〉을 들으며 분위기에 흠뻑 젖기도 했다. 홍콩 전경을 한눈에 내려다볼 수 있는 빅토리아 피크에 올라 뿌연 안개가 섞인 아침 공기를 마시며 모닝커피를 마셨고, 유명 쇼핑몰이 아닌 작은 골목 상점과 갤러리를 돌아다니며 예술로 충만한 오후를 보냈다. 내가 적극적으로 원하고 다가서는 만큼 세상은 나에게 다채로운 기회를 주었다. 버킷리스트는 새로운 홍콩과 여행자로서 나의 잠재된 가능성을 발견하게 해준 여행의 보물지도였다.

여정에 대한 집착을 버리고, 내가 원하는 장소에서 무엇을 하고 싶은지에 따라 나만의 여정을 계획하자. 버킷리스트라는 여행에 대한 뚜렷한 욕망은 떠나기 전부터 나를 깨우기 위해 시동을 건다. 여행의 버킷리스트를 하나씩 이뤄가며 성취감을 체험하자. 버킷리스트를 통한 여행을 내일을 위한 긍정적인 에너지로 활용하고, 여정을 주체적으로 이끄는 여행자의 자세를 삶 속으로 끌어들이자.

아직도 여행과 잇백 사이에서 망설이는 그녀들이 가져야 할 것은 '신상'이 아니라 삶을 변화시킬 '새로운 경험'이다. 막연히 변화를 꿈꾸는 당신에게 지금 당장 필요한 건 돈이 아니다. 도전을 리스트로 옮길 종이와 펜만 있으면 충분하다.

'어디'보다
'무엇'에
초점을 맞추어 움직인다

공항을 찾아가는 까닭은 내가 아닌 다른 존재가 되고자 하
는 욕망 때문이 아닐까.
_김연수 《여행할 권리》 중에서

어떤 장소를 지나칠 때면 과거 연애 시절이 새록새
록 생각날 때가 있다. 카페에서 흘러나오는 노래를 듣고 추억의 한
장면이 문득 떠오르면서 속으로 반가워하기도 한다.

'이 노래를 들으며 한창 헤어진 남자친구 생각하며 많이 울었지.'

'이 산책로에서 그 아이랑 처음 손잡았었는데.'

'이 음식점에서 대학 동기들과 술 자주 마셨었지.'

우리의 기억은 무엇을 했고 당시 내 느낌은 어땠는지 '감각'으로
남는다. 같이 있었던 과거의 남자친구나 데이트 장소는 내 기억의 엑

스타일 뿐이다. 그만큼 인상은 주체의 행동과 감정으로 생겨난다. 순간의 느낌은 추억을 불멸하게 만든다. 《잃어버린 시간을 찾아서》의 주인공이 홍차에 적신 마들렌 과자의 맛과 냄새를 통해 잊었던 어린 시절의 추억을 부활시켰듯이 말이다.

여행을 많이 다녀왔어도 시간이 한참 지나고 나면 타지의 기억은 점점 작아지기 마련이다. 10년 전 용돈을 모아 다녀온 배낭여행, 대학 시절 부모님 몰래 남자친구와 갔던 당일치기 여행, 어렸을 적 부모님과 함께한 등산은 이제 사진으로 어렴풋하게 기억된다. 어디에 갔고 누구와 대화를 했고 날씨는 어땠는지, 어떤 사람들을 만났는지 여행지의 객관적인 표식들은 점차 희미해가고 주관적인 기록인 내 느낌만이 남는다. 제주도 어느 밥집에서 눈에 띈 주인아주머니의 투박하지만 정겨운 손, 그 손맛으로 차려주신 따뜻한 고기국수 한 그릇, 추운 겨울 날씨에도 여행하겠다고 둘둘 싸매고 다리 퉁퉁 붓도록 돌아다닐 때 느낀 차가운 공기, 쌀쌀한 날씨에 얼어붙은 손을 녹이려고 마신 따뜻한 쇼콜라 쇼. 당시의 인상 깊었던 장면과 느낌은 시간이 꽤 흘렀음에도 연상될 때마다 가슴이 따뜻해진다.

우리는 어디에 갔는지보다 내가 무엇을 하면서 어떻게 느꼈는지로 기억의 공간을 채워간다. 그만큼 감각을 깨우는 체험은 과거를 오랫동안 간직하는 강력한 힘이다.

시인을 꿈꾸는 두 여대생 김나현과 김시온의 여행기를 신문에서 읽은 적이 있다. 두 사람은 취업 준비가 한창인 4학년을 앞두고 휴학계를 냈다. 10개월 동안 학비와 여행 경비를 벌었고, 등록금을 뺀 남은 돈으로 인도와 네팔로 3개월 동안 떠났다. 취업에 대한 압박으로 대학생들의 낭만인 배낭여행이 사치로 변해버린 요즘 같은 시대에 그녀들의 여행은 용감했다. 그녀들의 여행은 일반적인 방식과 달랐다. 스마트폰으로 언제 어디서 무엇을 했는지 인증샷을 남기려는 또래들과 달리 'no 셀카' 여행이었다. 평생 한 번 갈까 말까 한 인도와 네팔이라는 흔치 않은 여행지에서 한창 자기 사진을 찍고 싶어 하는 20대 초반의 여대생들이 셀카 한 장 찍지 않았다니. 온전히 제 눈으로만 세상을 보고 싶다는 그녀들은 용기 있게 말한다.

"세계를 보려 여행하는 것이지 내 얼굴을 보려 여행하는 것은 아니다."

두 젊은 여행자에겐 어디에 다녀왔다는 사실보다 직접 보고 느끼는 1분 1초 지금 이 순간의 의미를 붙잡는 것이 더 중요하다.

사실 우리의 여행은 늘 장소 중심적이다. 오늘 오전엔 어디를 가고, 어디서 밥을 먹고, 오후엔 어디에서 사진을 찍고……. 다시 올 수 없을지도 모를 여행지에서의 귀한 시간을 어디에 가는가에 집착한다. 화보 같은 인물 사진, 먹음직스러운 음식 사진을 찍으며 더 많이 남기기 위한 여행이다. 전 세계를 잇는 온라인 공간에서 여행자의 모든 것이 실시간으로 공유되는 21세기에 새로운 장소는 거의 없다. 이제 새로운 장소보다 주체인 내 행동과 느낌을 통해 여행을 새롭게 해석해야 한다. 구글맵에 빠져 고개를 푹 숙이고 단순히 이동만 하면서 '나 다녀왔소' 인증식 여행으로는 온전한 기억이 남기 어렵다. 수많은 기대를 안고 간 여행을 기억하기 위해 느낌과 깨달음을 담아야 한다. 기존의 지도를 버리고 나만의 지도를 만들어야 한다.

마르셀 프루스트는 "새로운 풍경이 아니라 새로운 시각으로 찾으려는 여행이 진정한 여행"이라고 말했다. 장소가 아니라 여행자인 나 자신을 중심축으로 마음의 나침반을 움직이자. 추억이 순간의 느낌 위주로 남듯이 여행도 마찬가지다. 물리적인 이동을 넘어선 여행자의 감각적 이동이기도 하다. 이제부터 '어디를'이 아니라 '무엇을'에 초점을 맞추어 이야기가 있는 여행을 만들자.

불과 몇 년 사이에 제주도가 트렌디한 여행지로 급부상했다. 주변에 한 명 걸러 한 명씩 다녀오지 않은 사람이 없을 정도고, 주말 비행기 티켓을 구하기란 하늘의 별 따기 수준이다. 우리나라의 대표 관광 명소인 만큼 여정도 서로 비슷하다. 섬 북쪽의 제주시와 남쪽의 서귀포시로 나누어 관광명소 중 가볼 곳을 정하고, 이동 경로를 정하는 식이다. 제주도 여행 이야기가 나오면 '여기 좋다' 식의 장소 추천이 대부분일 뿐, '무엇을 하기에 여기가 안성맞춤이다'라는 개인적인 이야기는 거의 들어본 적이 없다.

뻔한 일정이 싫었던 나는 제주도 여행계획을 짜는 순서를 거꾸로 했다. 다음 표와 같이 먼저 '무엇'의 목록을 생각해보고 거기에 맞는

'어디'를 고르는 식으로 진행해나갔다. 모두가 가고 싶어하는 '곳'이 아닌 내가 제주도에서 하고 싶었던 '것'을 위해서.

생활여행가의 1박 2일 제주도 여행

What to do	• 제주도 바다에서 해수욕 즐기기 • 바다가 보이는 카페에서 커피 한잔 하며 독서하기 • 한라산과 바다를 보며 올레길 산책하기 • 점심: 제주 고기국수로 가볍게 먹기 • 저녁: 제주 흑돼지구이 배터지게 먹기
Detail	• 예상 목적지: 협재 해수욕장, 곽지 해수욕장 • 애월 지역 드라이브 코스 국도 위 카페 • 올레길 홈페이지 참고, 동선에 맞는 코스 선택 • 제주시 지역(북쪽) 예상 음식점 알아볼 것 • 서귀포 지역(남쪽) 예상 음식점 알아볼 것

평범한 여행자가 평범하지 않은 여행을 하려면 우선 목적지에 대한 집착을 버려야 한다. 지금 계획하는 여행이 있다면 여정을 장소 중심에서 행동 중심으로 수정해보자. 여행 순서를 시간과 장소 같은 객관적인 지표보다 행동 단위로 배열한다. 약간의 모험, 휴식을 적절히 섞어 목록을 적어보자. 개수가 많지 않아도 상관없다. 내가 그 여행의 주인이니까. 그리고 하고 싶은 목록에 적합한 예상 장소를 선정한다. 오전 혹은 오후 별로 가까운 동선끼리 묶어본다. 언제 어디를 꼭 가야 한다고 숙제하는 기분으로 계획하지 말자. '어디 어디 여행'에 앞서 '누구의 여행'으로 만들어보는 것이다. 단순히 그곳에 가보

는 데 그치지 않고 그곳에서 내가 하고 싶은 걸 한다는 목적의 차이가 생긴다.

오전 시간대에는 욕심내지 말고 하나의 이벤트만 넣길 권한다. 조급함은 마음의 여유를 빼앗는다. 그 시간만은 온전히 여행자로서 상황에 몰입하자. 1차로 오감을 통해 타지를 체험하고, 2차로 그 속에 던져진 나의 존재감을 의식해본다. '어디'에서 '무엇'으로 여행을 대하는 관점을 바꾸면 낯선 곳에서 나를 실컷 표현할 수 있다.

단지 멋진 풍경을 보는 것으로 여행에 만족한다면 떠날 필요도 없다. 차라리 유머 넘치는 연예인이나 탐험가가 나온 TV 여행 프로그램을 보며 대리만족하는 편이 나을지 모른다. 경비를 지불하고 시간을 들이는 투자를 결심했다면 나만의 이야기가 담긴 여행을 만들어야 하지 않을까? 좀 더 적극적인 자세로 여정에 흠뻑 취해보자.

"길 위에서 나는 행동한다. 고로 여행자로서 존재한다!"

여행지가 아닌 여행자 중심의 여행은 느낌이 충만한 강렬한 추억으로 남는다. 그 여운은 여행 욕구를 불러일으키고, 여행자는 또 다른 길을 떠나게 될 것이다. 나만의 지도 위에서 추억을 만들기 위해.

'만약 이번 여행지가 일본이 된다면, 제일 먼저 숙소 주변의 허름한 선술집에 들어가 허옇게 김이 낀 묵직한 맥주잔을 가득 채운 생맥주를 한잔 들이키고, 이른 아침 잘 정돈된 골목길에 감탄하며 조용히 걸으면서 복잡했던 생각을 조금씩 덜어낼 거야. 시골 마을에 있는 온천에서 개운하게 목욕도 하고, 출출한 배는 시장에 가서 일본식 주전부리로 부담 없이 채워봐야지. 일본 어느 동네든 좋아. 길은 여행자인 내가 만들어가는 거니까.'

여기서만큼은 무한긍정,
즐겁지 않으면
여행이 아니다

내가 아닌 내가 자꾸 튀어나와서 당황도 하지만, 그마저도
잊힐 만큼 취해서 그런 나를 마음껏 즐기다 오는 것, 그게
바로 여행이다.
_윤진서 《비브르 사 비》 중에서

여행에서는 평소보다 우연한 상황과 마주하게 될
확률이 높다. 잘 모르는 곳에서 내가 예상하지 못한 일이 일어날 가
능성은 더 키지기 마련이다. 그러나 돌발 상황이 노사리고 있음을 알
고 있어도 막상 여행길에서 예상 밖의 일이 생기면 당황하게 된다.
하필이면 나에게 이런 일이 일어났는지 짜증과 불평을 늘어놓지만
무심한 여행지는 대답이 없는 데다 누구를 붙잡고 하소연하기도 어
렵다. 결국 주어진 상황을 해결하는 열쇠는 여행자에게 있다. 이러나
저러나 지금 이 순간 길 위를 걷고 있는 나 자신이 헤쳐나가야 한다.

프랑스 북서부지방에 있는 작은 관광 마을 도빌은 현지 사람들에게 승마와 휴양으로 사랑받는 곳이다. 아직 한국 관광객에겐 프랑스의 다른 도시보다 덜 알려져 있어서인지 인터넷과 가이드북에 여행 정보가 많이 나와 있지 않았다. 그래서 도빌이란 마을에 끌렸다. 지난봄 파리 여행 중에 생 라자르역에서 도빌까지 가는 기차표와 숙소 예약서만 들고 도빌을 찾았다. 낭만과 여유가 가득한 평화로운 여행지를 꿈꾸며 사람들이 아직 발견하지 않은 미확인 보물을 찾으러 도빌에 간 신비한 동양인 여행자가 되기로 했다.

저녁 6시 반, 조용해도 너무 조용했다. 도빌 기차역부터 둘러싸고 있는 고요함은 적막한 공포감마저 느껴질 정도였다. 지나치게 평화로워 보이는 마을은 새로운 장소에 대한 기대감에 잔뜩 부풀어 있는 여행자를 불안하게 만들었다.

'대체 관광지가 맞긴 하나?'

저녁 시간이라 그런지 상점들은 죄다 닫혀 있었고, 거리엔 사람을 거의 찾아볼 수 없었다. 주말도 아니고 평일인데 사람들은 다 어디로 간 걸까? 지구 반대편에서 온 동양인 여행자를 반기는 것은 마을 여기저기 끼룩 소리를 내며 날고 있는 갈매기였다. 이틀 동안 묵었던 호텔 직원에게 고요함의 원인을 들었다. 3월의 프랑스 북서부지역은 아직도 쌀쌀하고, 여기는 성수기에나 사람들이 모이는 관광지라 비수기인 지금은 마을 사람뿐이며, 영화제는 고사하고 관광 거리는 아무것도 없다는 대답이었다. 게다가 이번 주 날씨는 북서부지역답게

을씨년스러울 거라는 예보까지!

해안가의 관광지에서 휴양다운 여행을 하고 싶었던 나와 일행은 실망할 수밖에 없었다. 수많은 장소 중에서 왜 하필 3월의 도빌을 택했는지. 거센 바닷바람이 숙소 창틀을 때리는 소리에 우리는 더욱 위축되었다. TV를 켜니 일기예보에서 도빌 지역을 붉게 표시해놓고 기상캐스터가 뭐라 뭐라 설명 중이었다. 강풍주의보란다. 구글에서 귀하게 찾았던 도빌의 맛있는 음식점이나 해변 정보는 헛수고가 되었다.

'이제 이틀 동안 어쩌면 좋지?'

금전적으로나 시간적으로나 넉넉하지 않은 상황에 고집해서 힘들게 추진한 프랑스 여행, 그 7박 8일 동안 이틀이라는 귀한 시간이 예상 밖 상황에 날아가게 생겼으니 막막할 뿐이었다. 그러나 고민만 하고 있을 순 없었다. 일단 나가보기로 했다. 호텔 직원의 말대로 상점은 많이 닫은 상태였고, 도빌에서 꼭 먹어봐야겠다고 생각한 음식점도 마찬가지였다. 결국 가고 싶던 곳을 찾아가는 대신 발길 따라 여행지에 몸을 맡긴 채 자유롭게 마을을 떠돌아다녔다. 길이 없으면 길을 만들어서라도 앞으로 나아간다는 여행자 정신 하나로.

긍정적인 마음가짐은 좌절된 상황에서 새로운 기회를 마련해주기도 한다. 네잎클로버를 찾지 못했을 때, 세잎클로버에 억지로 이파리 하나를 붙여서라도 '나만의 행운'이라고 의미를 부여하던 어린 시절처럼. 꿈꿔왔던 도빌 여행의 많은 것이 어긋나게 되자 오히려 '우연'을 '운명'이라 받아들이게 되었다. 처한 상황에 불평하지 않고 최선의 선택을 하려고 더욱 적극적으로 행동하게 된 것이다.

관광명소에 가려졌던 동네의 작은 카페와 밥집들을 가볼 수 있었고, 추운 바닷바람에 뻣뻣하게 굳은 몸을 따뜻한 쇼콜라 쇼로 녹이며 휴식을 취하는 추억도 만들었고, 전통시장에서 장인 아저씨가 정성스럽게 빚은 홈메이드 사과주를 마셔볼 수 있었으며, 동네 사람들에게 사랑받는 빵집에서 갓 구운 모닝 바게트의 고소한 즐거움도 맛보았다. 성수기의 번잡함을 피하자 작은 바닷가 마을의 진짜 모습을 내 것으로 만들었다. 여행지 도빌이 아니라 사람들이 사는 노르망디의 작은 도시 도빌을 즐기고 나서야 깨달았다. 상황은 해석하기 나름이며, 행복은 당사자의 선택에 달려 있음을. 긍정적인 마음 하나만 있으면 열악해 보이는 여행지라도 충분히 즐길 수 있는 파라다이스임을 말이다.

골칫거리를 여행 내내 매고 다닐 필요가 있을까? 불편한 점투성이에 예측하기 힘든 타지에서 여행자에게 필요한 건 긍정의 자세다.

문제보다 해결책에 집중하자.

지갑을 소매치기당했다? 그 안에 들어 있는 현금을 생각하니 지금까지 먹을 거 아끼고 사고 싶은 거 참았던 일들이 아깝다? 이미 지나간 일을 되돌릴 수도 없고, 화를 내봤자 손해 보는 쪽은 지갑을 잃어버린 데다가 스트레스까지 받는 자기 자신이다. 생각의 방향을 얼른 해결책으로 돌려보자. 일단 지갑을 잃어버려서 당장 수중에 돈이 없다면 주변에 도움을 구하거나, 한국에 있는 가족에게 전화를 걸어 급히 지원을 요청하는 방법을 생각해볼 수 있다. 길이 없다 싶으면 내가 길을 만들면 된다는 마음으로 상황을 벗어나는 데 집중하자.

사소한 감정도 소중히 하자.

긍정적인 여행자가 되는 데 대단한 노력이 필요한 게 아니다. 길 위에서 내게 주어진 매 순간을 소중히 여겨보자. 길가의 풀과 시원한 바람, 맑은 공기, 낡음이 곧 아름다움인 건물들과의 만남에 감사하는 마음을 가져보아도 좋다. 여행의 주인공인 내가 느끼는 소소한 감정들을 그냥 지나치지 말고 천천히 음미해보자.

'돈이 얼마 남았지?', '여긴 왜 이렇게 더럽기만 한 거야?', '다음 목적지까지 얼마나 걸릴까?'

낯선 곳에서 우리는 늘 긴장상태일 수밖에 없으며 그 긴장감은 수많은 생각을 낳는다. 순간에 몰입하기도 전에 걱정부터 앞선다. 걱정이 앞서면 여행도 소극적이게 된다.

내 여행의 가치를 아는 사람은 자기 자신이다.

"가장 먼저 버려야 할 것은 자기 자신이며, 소중히 지녀야 할 것도 나 자신이다."

　최인호 작가가 법정 스님과의 대화에서 남긴 명문이다. 여행을 통해 온몸으로 새로운 것을 받아들이는 사람도, 기뻐하는 사람도, 힘든 순간에 격려해주는 사람도 여행을 나선 자기 자신이다. 낯선 환경에 대한 긍정은 스스로에 대한 긍정에서 출발한다. 나 자신이 바로 여행 그 자체라는 생각으로 여정 속에서 내 존재를 감사하자. 내가 처한 상황에서 무엇이 잘못되었는지 찾기보다 먼저 무엇을 잘해나가고 있는지부터 충분히 생각하자.

　전규태 교수는 췌장암 선고를 받은 3개월 시한부 인생이었다. 주치의의 권고로 마지막 여행길에 오른 그는 전 세계를 돌아다녔고, 유랑 기한이자 생의 기한이었던 짧은 3개월은 어느새 10년을 훌쩍 넘었다. "인간은 마음먹기에 따라 스스로를 재창조할 수 있는 존재"라는 사르트르의 말을 믿었고 여행을 통해 죽음을 이겨냈다. 그는 자기 자신을 기쁘게 하는 긍정의 힘이 치유의 비결이었다고 《단테처럼 여행하기》에서 말한다.

　"인생이란 무상이고, 삶이란 유전일 뿐 아무것도 아니라는 생각이 들 때마다 나는 여행길에 올랐다. (…) 여행을 통해 일체의 존재에 대한 긍정적인 자세가 어느 사이엔가 내 정신의 밑바닥에 자리 잡게 된 것이 아닐까. 그것이 나를 살아가게 한 것이 아닐까."

내 생애 단 한 번이라는 마음으로 모든 떠남과 유랑의 순간에 충실하자. 걱정 대신 자기 격려로 나를 응원하고, 행복이란 나 자신의 선택이라 믿을 때 미지로부터 행운이라는 선물을 받게 될 테니까.

낯선 장소만큼
낯선 사람을
여행하라

> 여행한다는 것은 완전히 말 그대로 '사는 것'이다. 현재를
> 위해 과거와 미래를 잊는 것이다. 그것은 '가슴을 열어 숨을
> 쉬는 것'이고 모든 것을 즐기는 것이다.
> _알렉상드르 뒤마

국내의 낯선 도시에 갔을 때 한 번쯤은 택시를 타는 습관이 있다. 목적지까지 나 혼자 조용히 버스나 지하철을 탈 수도 있지만 택시를 탔을 때 얻을 수 있는 또 다른 즐거움 때문이다. 바로 도시 전문가 택시기사 아저씨와의 수다다. 생각보다 인정 많고 사람과의 정겨운 대화가 고픈 기사 아저씨들이 많다. 특히 여행자처럼 보이는 사람들에겐 그 지역살이에 빠삭한 전문가로서 무료 안내 서비스까지 해주기도 한다. 가이드북에서 절대 얻을 수 없는 사람 사는 이야기는 낯선 여행지에 대한 긴장감을 조금이나마 내려놓게 도와준

다. 밤마다 부모님이 읽어주는 이야기책을 통해 무서움을 잊으려는 아이처럼, 수십 년 동안 같은 곳에서 운전하면서 쌓아온 해박한 정보를 구수한 사투리로 들으며 이동하는 재미는 나만의 국내 여행 방법이다.

엄마와 나의 첫 단독 여행지는 부산이었다. 부산 한 번 제대로 가보지 못했던 서울 촌뜨기 두 사람은 기차역에서 해운대 숙소까지 일단 택시를 타기로 했다. 금테 선글라스로 멋을 낸 넉넉한 인상의 기사 아저씨가 우리 모녀를 살갑게 맞았다.

"어서 오이소!"

"안녕하세요, 부산 해운대 ○○호텔로 가주세요."

"부산 사람 아닌 거 같은데 여행은 첨 오셨습니꺼?"

"아…… 네."

아직 여행이 많이 어색한 엄마는 낯선 사람의 질문에 살짝 미소만 띨 뿐 대답하지 않았고, 나는 기사 아저씨의 관심 섞인 친절에 힘입어 대화를 계속해나갔다.

"옆에 있는 분은 큰언닌교?"

"아뇨, 저희 엄마예요."

"이야, 어머니가 억수로 미인이시네. 누가 엄마로 보겠능교? 왕년에 남자들한테 인기 많으셨겠서예. 탤런트 감이십니더, 허허."

해운대까지 가는 동안 아저씨는 '엄마 탤런트', '딸 탤런트'라고 부르며 우리에게 지나가는 곳마다 얽혀 있는 이야기를 진한 경상도 사투리로 들려주었다. 살아 있는 현지 관광 안내방송을 듣는 기분이었다. 컨테이너가 잔뜩 쌓여 있는 바다 위를 지날 때였다.

"엄마 탤런트와 딸 탤런트를 위해 이 부산 바다에 어울리는 노래 하나 해도 되겠능교?"

"네, 그래 주시면 좋죠."

10여 분 동안 아저씨와 수다를 떨고 나자 나의 넉살도 덩달아 느는 듯했다.

"듣고 싶은 거 맞능교? 이렇게 반응이 엄쓰믄 몬 합니더. 자, 그럼 박수 한 번 쳐주이소!"

"짝짝짝!"

"부산 갈~매기~."

이래서 경상도 남자, 경상도 남자 하는가 싶기도 했다. 부산 토박이 아저씨의 흥겨운 노랫가락은 택시 밖으로 스쳐 가는 낯선 부산 풍경을 친근하게 만들어주었다.

"자신의 이야기를 들려주는 모든 사람이 내겐 하나의 여행자다."

여행작가 정혜윤은 이렇게 말했다. 그만큼 여행지에서의 만남은 우연이지만 운명처럼 여행을 풍성하게 만들어준다. 나에게 낯선 장소와 사람들인 만큼 그곳에 사는 사람들에게도 나라는 여행자는 낯설기만 하다. 낯섦이 계속되는 상황에서 목적지를 향해 앞만 보고 움직이는 게 아니라 풍경 속 사람들과 함께 섞여보는 것도 여행의 큰 즐거움이 된다. 길 위의 사람살이와 맞닥뜨리고 모르는 누군가와 즉흥적인 대화를 주고받으며 오색의 실로 엮은 아름다운 태피스트리 예술품처럼 여러 빛깔을 내는 여행 작품이 탄생한다.

내가 사는 생활권에서 누군가와 만난다면 어떨까? 일단 상대방을 먼저 파악하고자 한다. 어느 회사에 다니고, 집은 어디고, 나이는 어떻게 되는지, 나에게 득이 되는지. 그리고 행여 실수라도 할까 봐, 좋지 못한 평을 들을까 봐 타인의 시선을 의식하며 철저히 계산된 행동을 한다. 사람 관계가 곧 사회다.

여행지에서의 만남은 일상에서의 만남과 다르다. 내가 속하지 않은 또 다른 사회에서 만나는 사람들에겐 제약도 적다. 길 위에서의 만남에는 월급도, 나이도, 사는 동네도 알 필요가 없다. 인연을 맺은 상대에게 요구하는 것이 없으니 나 또한 자유롭다. 하루 종일 돌아다녀 헝클어진 머리와 먼지투성이의 구겨진 옷 그대로 꾸밈없이 상대 앞에 서게 된다. 내 직업도, 사는 곳도, 나이도, 요새 잘 지내고 있는지도 말하지 않아도 상관없다. 때때로 내가 잘 아는 지인보다 여행지에서 만난 낯선 사람이 대화 상대로 더 편하게 느껴지는 것은 이 때문일 것이다.

사회적 기준이나 조건은 제쳐놓고, 사람 대 사람의 느낌 그대로를 솔직하게 표현하게 된다. 계산된 대화가 아니라 흐르는 물 위에 떨어진 나뭇잎이 물살을 타고 함께 내려가듯 자연스러운 교감이 이루어진다. 길을 묻다가 만난 친절한 동네 아저씨와 일상적인 대화가 시작될 때, 카페 옆자리에서 나와 비슷한 음료를 마시고 있는 젊은 아가씨와 눈이 마주쳐 이야기를 주고받을 때, 타지에서 우연히 마주친 한국인에게 도움을 구하며 반가움을 느낄 때, 이렇게 삶을 주고받을 때마다 우리 가슴 속에서는 조그만 애정의 불씨가 다시 피어오른다. 새로운 사람과의 대화는 낯선 길 위에 사람 냄새를 더하며 여행자의 감성을 풍성하게 하고 삶의 지평을 넓혀준다. 만남과 함께하는 여행은 잊고 있었던 인간미를 체험하게끔 도와준다. 부정적인 시각으로 바라봤던 세상에 대한 생각을 고쳐본다.

'세상은 아직 메마르지 않았구나. 살만하구나.'

백남준의 친구였던 수필가 이경자의 《기행수필》에는 다른 여행기보다 사람이야기가 많다. 그중 한 에피소드를 소개하자면, 그녀는 영국 옥스퍼드에서 스티브라는 보안관에게 무거운 짐 보관을 도와달라고 요청했다. 스티브 덕분에 옥스퍼드에서의 짧은 반나절 일정을 즐겁게 보낼 수 있었기에 점심식사를 대접했고, 잠깐이지만 사적인 대화를 나누며 그에게 이혼과 키우고 있는 딸에 대한 이야기를 듣기도 한다. 영국 사람과 한국 사람의 대화가 아니라 자녀를 키우는 부모 간의 대화로서 삶에 대한 감정을 공유하는 시간을 가진다. 그녀는 여행지에서의 만남에 대해 이렇게 이야기한다.

"얄팍한 감상이 아니라 더 깊고 큰 인생의 또 다른 어떤 고귀한 감정, 오직 경험자만이 가질 수 있는 감정이다."

사람은 사람을 통해 배우고 성장하고 행복해질 수 있다. 만남에 제약이 없는 여행지에서는 더욱 그렇다. 늘 어디를 다녀왔어도 왠지 모를 허전함이 느껴졌다면 '장소'만 여행하기보다 '사람'을 여행해보자. 사회생활 속에서 차곡차곡 쌓이고 굳어져 버린 편견으로 이루어진 사고와 행동에서 벗어나는 것이다. 세상으로부터 자신을 방어하기 위해 만들어낸 평소의 깍쟁이 같은 모습으로는 절대 여행을 완성할 수 없다. 오랫동안 쌓아왔던 사람에 대한 장벽을 허물고, 낯선 사람에게 미소로 다가가는 용기를 발휘하자.

사람여행에 필요한 용기에는 두 가지가 있다. 만남의 기회가 생기면 적극적으로 다가가 대화를 이어나가는 용기, 그리고 우연한 만남이 아쉬움이나 불쾌함으로 끝나더라도 상처받지 않을 용기다. 여정이 만남으로 채워질수록 우리의 용기는 상대방에게 관대해지는 너그러움으로 발전한다. 자연스럽게 대화를 이어가고 생각을 공유하며 이탈리아의 속담처럼 낯선 이는 아직 사귀지 않은 친구일 뿐임을 깨닫는다. 사람여행에서 배운 용기는 세상을 살아가는 지혜와 마찬가지다. 어딜 가나 누구에게나 상처와 고민이 있고 아직 이루지 못한 꿈도 있다. 길 위의 대화를 통해 다른 사람의 삶을 만나고, 그 속에서 세상과 사람으로부터 알게 모르게 상처받았던 나를 위로해본다.

만남을 통해 한층 성숙해진 여행을 만들자. 단순히 장소만 알아가는 게 아니라 생각과 감정을 공유하는 사람여행은 나 자신을 여행하는 것과 마찬가지가 아닐까? 다른 사람들의 삶을 통해 세상과 스스로를 이해하는 기회가 되리라. 이 사회에서 살아남고자 이기적으로 살 수밖에 없었던 우리가 잊은 여행의 진미는 바로 사람 사이의 '공감'이다.

피드백을 통해
다시 한 번
같은 장소를 여행한다

머무르려는 욕망은 이동하려는 기질을 이겨내며, 영원에 대한 향수는 순간적인 것의 유혹을 물리친다. 시베리아 횡단 여행자나 원양 항해자도 결국은 정착한다. 그는 더는 여행하지 않는다. 바로 이것이 '여행'의 패러독스다.
_장 그르니에 《일상적인 삶》 중에서

동유럽 4개국을 여행한다던 한 친구가 8일 만에 한국으로 돌아왔다.

"아니, 4개국이나 간다더니 어떻게 이렇게 빨리 왔어? 중간에 그만둔 건 아니고?"

"무슨 소리야. 독일, 오스트리아, 체코, 헝가리까지 다녀왔어."

잠도 안 자고 밥도 안 먹고 며칠 내내 돌아다닌 건 분명히 아닐 텐데, 아무리 생각해도 계산이 맞지 않아 여행 일정을 물었다. 그녀는 유명 여행사의 패키지 일정을 내밀며 말을 이어갔다. 보기만 해도 빡빡해 보이는 일정 때문에 무척이나 피곤해 보이는 친구의 표정을 이해할 수 있었다.

"솔직히 한 도시에서 체류 기간이 정말 짧긴 했어. 명소 구경하고 식사 한 끼 하고 숙소에서 눈 붙이고 일어나면 바로 그다음 목적지로 이동했으니까. 그래도 어떻게 낸 장기휴간데. 이왕 큰맘 먹고 비행기 표를 끊었으니 더 많은 나라를 가보고 싶은 건 당연한 욕심 아니겠어?"

"아주 잠깐 관광 코스만 둘러보고 나서 진짜 그 나라를 여행했다고 할 수 있을까?"

"상관없지 뭐. 길게 다녀오면 좋긴 하지만 내가 전문가도 아니고. 이왕이면 갔다 온 나라 숫자가 많을수록 좋잖아. 뿌듯하기도 하고."

흔히 내가 얼마나 글로벌한 사람인가를 보여주는 기준으로 첫 번째는 외국어 실력, 그다음으로 방문국가 수를 꼽는다. "나 이만큼 외국 경험 많은 사람이야"는 자기소개의 필수 스펙이 되어버린 지 오래다. 여행사들은 휴가마저 여유가 없는 사람들을 위해 앞다퉈 여행 상품을 만들어낸다. 최대한 많은 곳을 더 저렴한 가격에 특화한 여행 패키지는 분명 여행을 꿈꾸는 바쁜 도시인들을 멀리 떠나게끔 돕는다. 그러나 여행이 숫자로 정량화될수록 여정의 깊이는 없어지기 마련이다. 급한 나머지 마구 찍어댄 사진 몇 장이 기억을 대신하고, 수박 겉핥기식 여행이 전부가 된다.

"몇 개국이나 갔다 왔어요?"

여행작가라고 나를 소개해야 하는 자리에서 자주 받는 질문이다. 사람들은 내 여행 이야기를 듣고 싶어 하기보다 얼마나 많은 곳을 여행했는지를 궁금해한다. 나는 회사를 그만두거나 집을 팔 정도로 비장한 각오를 품고 세계 일주를 해본 적은 없다. 그저 남들보다 여행을 좋아해서 틈틈이 기차와 비행기를 자주 탔고, 내 방식대로 낯선 곳들을 많이 경험한 것뿐이다. 내게 익숙한 건 외곬 같은 여행이다. 다녀온 곳을 또 방문하고 다시 방문하고…… 그렇게 적어도 2~3번은 경험해봐야 여행가로서 "다녀왔다"고 자신 있게 말할 수 있었다.

윤여일은 《여행의 사고》에서 요즘 여행자들은 무언가를 접하고 판단할 때 좁은 시야에서 빠르게 단정 짓는다고 지적한다.

"나는 과테말라시티에 다녀왔다. 하지만 어느 특정한 시간, 특정한 장소에서 어떤 장면들을 스쳐 지나왔을 따름이다. (…) '그 나라가, 그 나라 사람이 어떻다'는 진술을 하려거든 먼저 자기 경험을 향한 의심이 필요하다. '과테말라는 어떻다'는 '나는 과테말라에서 거기밖에 가보지 못했다'로, '과테말라인들은 어떻다'는 '내가 거기서 만난 사람은 몇몇에 불과하다'로 옮겨서 생각할 수 있어야 한다."

지구 상의 모든 장소는 계속해서 새로운 얼굴을 드러낸다. 우리가 늘 걷는 동네 골목길도 사계절 변화에 따라 그 느낌이 다르다. 겨울

비가 내리는 날과 따뜻한 봄 햇살이 비추는 날의 출근길도 차이가 있다. 즐겨 찾는 카페의 분위기도 아침, 오후, 저녁 시간마다 다르며 시간의 흐름에 따라 커피 맛조차 다른 것만 같다.

여행지도 마찬가지다. 파리 에펠탑이라도 관광객으로 복잡한 낮과 한산한 밤에 분위기가 다르듯 시간대, 날씨, 계절별로 전혀 다른 얼굴을 하고 있다. 그래서 여행은 언제 어디를 다녀와도 아직 경험하지 못한 무언가를 남겨두고 돌아온 듯한 아쉬움이 남는다. 단 한 번의 완벽한 여행이란 불가능하다. 여행책에 나와 있는 웬만한 것들을 다 돌아봤다고 생각해도 미처 발견하지 못한 새로운 대상이 등장하기 마련이다. 내가 외골수 여행자가 된 것도 여행지의 양파 같은 모습 때문이다.

나는 여행을 마치고 돌아오면서 꼭 치르는 의식이 있다. 여행의 셀프 피드백이다.

'다음엔 주말을 피해서 주 중에 여유 있게 와야겠어.'

'사람이 많아 제대로 감상하지도 못했네. 다음엔 이른 아침에 와볼까?'

'유명한 곳이라고 하지만 나에겐 너무 상업적인 곳이었어. 다음엔 구시가지 말고 조용한 주거지역도 가봐야지.'

시간이 부족해 가지 못했던 음식점, 너무 붐벼서 대충 훑어보기만 했던 건물, 날씨가 도와주지 않아 걸어보지 못한 예쁜 산책로 등 아쉬움을 정리하고 나면 자연스럽게 다음을 기약하게 된다. 아쉬움은 또 다른 설렘으로 바뀐다. 그렇게 2년 사이 바쁜 직장생활 속에서도 오사카와 교토를 3번이나 갔으며, 3년 사이 홍콩을 4번 연달아 다녀오고 나서야 전반적인 도시 분위기를 이해할 수 있었다. 서울의 북촌과 서촌을 수시로 제집 드나들 듯 여행하며 계절이 바뀔 때마다 동네가 선사하는 색다른 매력을 경험했다.

내가 가본 여행지의 숫자를 늘리는 것도 좋지만, 무조건 빨리 쉽게 이루려는 현대인들에게는 여행지를 깊이 다루는 방식도 필요하다. 첫 여행은 낯선 곳에 대한 긴장감과 예측하지 못한 일들로 뒤죽박죽 되기 쉽고, 대부분 유명한 곳 위주로 여행지를 맛본다. 이후 다시 가보면 아쉬운 부분이 보완되고 마음의 여유가 생긴다. 가봐야 한다는 관광지를 뺀 나머지 알려지지 않은 장소에 관심이 가기 시작한다. 그제야 자유롭게, 나답게 여행할 수 있는 '감'이 생긴 것이다. 취향이 반영된 또 한 번의 여행을 통해 그곳을 진짜 내 것으로 만들게 된다.

먼저 여행의 아쉬웠던 점들을 그냥 넘기지 말고 다음 여행계획으로 연결지어보자. 그리고 가봤던 장소 중에서 맘에 들어 다시 가보고 싶은 곳이 있다면 다음 여행 리스트에 넣고, 맘에 들지 않았던 곳은 뺀다. 가보지 않은 곳이 여정에 추가될 때마다 여행자의 영역은 넓어지고, 피드백을 통해 여행자는 스스로를 발전시킨다.

아직 가볼 곳이 많은데 왜 같은 곳을 또 가느냐고? 흔히들 말하는 '볼매'의 힘 때문이랄까. '볼'수록 '매'력적인 타지에서 우리는 기존에 봤던 장소도 새롭게 바라보는 시선을 갖게 된다. 같지만 다르므로,

익숙한 대상에 늘 가능성을 염두에 두는 신중한 자세를 갖춘 여행자가 될 수 있다.

지금까지 가봤기 때문에 잘 알고 있다고 여긴 장소들을 떠올려보자. 그곳은 사전 정보와 경험을 바탕으로 한 단편적인 기억일 뿐, 아직까지 발견하지 못한 새로운 가능성을 가지고 있다. 내가 알고 있는 것이 전부가 아니기 때문에 다음을 기약할 수 있다. 오늘의 여행 장소를 그다음 여행 장소로 삼으며 여행의 깊이를 더하자. 한 번의 여행으로는 절대 만날 수 없는 길 위의 숨겨진 아름다움을 놓치지 말자. 세상의 새로운 가능성을 허용하면서 우리 자신의 성장 가능성도 함께 커질 것이다.

여행 셀프 피드백은 오늘의 여행을 채우고 내일의 여행마저 기대하게 하는 힘이다.

Part 004 　더 많이
느끼고
배우고
깨닫기

여행을 더욱 풍요롭게 하는
균형 잡힌
예산 짜기

> 여행은 한 권의 책과 같아서 여행을 하지 않은 자는 그 책의
> 한 페이지만 읽은 것과 마찬가지다.
> _성 아우구스티누스

돈이면 뭐든지 가능하다는 '오만'과 돈이 많을수록 세상 살기 편하다는 '편견'은 자연스럽다. 주문을 외우듯 '돈 돈 돈' 소리하며 좀 더 넉넉해질 주머니를 위해 오늘의 행복을 양보한다. 3년 뒤의 자가용 한 대, 10년 뒤의 아파트 한 채를 위해 떠나고 싶은 마음도 꾹꾹 참아낸다. '너무 바빠서'라는 핑계 뒤에 '경제적으로 여유가 없어서'라는 말 못할 속사정이 있다.

최고급 리조트, 값비싼 식사, 명품 쇼핑…… 끝없이 출시되는 여행 상품으로 여행자는 곧 고객이며, 여행지는 또 하나의 새로운 시장이

되었다. 돈 없으면 여행도 못 간다는 부담은 떠남을 무기한으로 미루게 한다.

"돈이 떨어지다. 배는 다소 고프지만 나는 즐겁다."

하지만 전혜린이 남긴 말처럼 조금 넉넉하지 못해도 즐길 수 있는 것이 바로 여행이다. 길 위에선 모두가 낯선 개개인에 불과하다. 그래서 1등 인생보다 즐거운 인생을 살 줄 아는 사람, 돈 같은 물질적 스펙보다 열린 시선을 가진 사람이 승리자다. 세상은 느낀 만큼 내 것으로 만들 수 있다.

여행 경비가 부담스럽다면 평소에 조금씩 생활습관을 바꿔서 여유 자금을 만들어도 좋다. 우리가 평소 들고 다니는 밥값 뺨치는 테이크아웃 커피 한잔의 가격은 평균 3,000원이다. 하루에 1~2잔씩 마셔도 일주일에 1만 5,000원은 기본이다. 하루에 두 잔 마시던 습관을 한 잔으로 줄이거나, 유명 브랜드 커피 대신 저렴한 로컬 커피로 대신한다면 한 달에 약 5만 원이 주머니 속에 남게 된다.

여행을 최우선의 단기목표로 삼고 커피값처럼 바꿀 수 있는 소비습관을 찾아보자. 회사 끝나고 참새가 방앗간 들르듯이 다녔던 백화점이나 쇼핑몰도 당분간 멀리하자. 최신 유행의 액세서리, 색깔별로 전시해도 좋을 화장대 위에 수북이 쌓인 립스틱, SNS에 포스팅하고 싶은 음식점 메뉴들은 잠시 미뤄두자. 지금은 여행이 무엇에도 양보할 수 없는 목표가 되어버렸으니까. 티끌 모아 태산은 더 이상 옛 속담이 아닌 내 이야기다. 한 달에 5만 원씩 버는 생활습관으로 2~3달만 지내도 가까운 제주도나 저가항공사의 일본, 중국 티켓은 구입 가능하다.

경비를 모으는 것도 중요하지만 어떻게 쓰느냐도 무시할 수 없다. 계획이 없다면 아무리 넉넉한 예산도 구멍 난 기름통처럼 줄줄 새기 마련이다. 나중에 텅 비어버린 지갑을 보고 자기가 어디에 얼마나 썼는지 계산이 안 될 수도 있다.

프랑스에서 공부하던 20대 초반, 새로운 장소를 발견하는 즐거움으로 한창 여행에 빠져 있었다. 물론 생활비를 아껴 모아 마련한 여행 자금이었지만 문제는 나의 여행 소비 습관이었다. 어딜 가서 무얼 먹든 무얼 사든 서유럽 문화의 모든 것을 경험하고 소유하고 싶은 욕심 때문이었다. 넉넉하지 않은 학생 신분으로 지갑을 열 때마다 잠시 갈등했다. 쓰느냐 포기하고 돌아서느냐 그것이 늘 문제였다.

'내 인생에 언제 또 여길 와서 이렇게 해보겠어.'

이 생각 하나로 결국 거리낌 없이 경비를 사용했다. 모든 것을 다 할 수는 없다는 사실을 미처 깨닫지 못한 것이다. '단 한 번뿐인 여행'이라는 이유로 계획도 없이 충동적으로 돈을 썼다. 매번 여행을 다녀올 때마다 예산 초과는 당연한 결과였다. 계획보다 빨리 줄어드는 통장 잔고를 확인할 때마다 즐거운 추억이 어느새 스트레스와 함께 쌓여가는 아이러니한 상황이 반복되었다. 결국 통장은 마이너스를 찍었고, 유학생이 생활비를 꾸려가는 데 타격을 준 여행들은 나에게 큰 교훈으로 남았다. 여행은 할 수 있는 범위 내에서 내가 하고 싶은 것들을 계획해야 한다. 인생의 수많은 갈림길 위에서 선택을 내려야 하듯, 여행도 포기할 것은 깨끗이 포기하고 자신이 선택한 것에 미련 없이 집중해야 한다는 깨달음이었다.

진정한 패셔니스타는 고가의 옷과 저렴한 옷을 적절히 섞어서 입는 센스를 발휘한다. 갭(Gap)의 40달러짜리 캐주얼 셔츠에 500달러짜리 가죽 스키니 팬츠를 입고, 샤넬 핸드백을 들고 낡은 컨버스 운동화를 신는 것처럼 말이다. 다양한 가격대의 아이템을 활용해 전체적으로 고급스러워 보이게 만드는 '믹스앤매치(mix and match)' 스타일이다. 얼핏 봤을 땐 걸치고 있는 옷과 액세서리가 전부 비싸 보이지만 사실 몇 가지 아이템에만 힘을 줬을 뿐, 유명 스타에겐 나름 합리적인 스타일링이다.

여행도 마찬가지다. 하고 싶은 것도 갖고 싶은 것도 많은 욕망 덩어리 20대 여자였던 나는 수많은 시행착오를 거쳐 여행의 만족도는 높이되 예산은 범위 내에서 조정해야 함을 배웠다. 각 여정마다 경비의 수준을 믹스앤매치하는 것이다.

먼저 내가 쓸 수 있는 돈이 얼마나 되는가를 체크한다. 그리고 가지고 있는 현금을 기준으로 여행계획을 짠다.

신용카드는 웬만한 비상 상황이 아니고서는 사용하지 말자. 신용카드는 돈이 나간다는 느낌이 들지 않기 때문에 남용할 수 있고, 한번 쓸 때마다 카드사에 지불해야 하는 수수료도 상당하다. 사용한 만큼 돈이 줄어드는 것을 그때마다 확인할 수 있고, 해외에서 사용하기 편한 현금으로 경비를 짠다.

가장 지출이 빈번한 세 가지는 식사비, 숙박비, 교통비다. 동선을 짰으면 우선 숙박비와 교통비를 계산해서 일별로 나눈다. 기본적으로 필요한 돈은 미리 빼두는 것이다. 아침 식사가 포함된 숙소를 선택하면 시간과 비용을 절약할 수 있다.

이제 남은 경비로 식대와 기타 활동에 필요한 돈을 계산하면 된다. 소중한 추억을 위해 가치 있는 경험에 투자할 때다. 먼저 나만의 우선순위에 따라 일정에 필요한 경비를 순서대로 나눠보자. 현지에서 가장 유명하다는 고급 한정식 먹어보기, 현지의 유명 오페라나 뮤지컬 공연 보러 가기, 무인도에서 스노클링 하기, 와이너리 방문하기 등 여행지에서 가장 기대하는 목록은 매번 차이가 있다.

꼭 먹어보고 싶었던 레스토랑의 메뉴가 비싸다면 점심은 길거리 음식으로 해결하면 된다. 보고 싶은 공연을 위해 하루쯤은 호텔이 아닌 게스트하우스에서 불편한 잠을 자도 좋다. 목마를 때마다 찾던 음료수 대신 생수로 바꾸고 음료값을 줄여 와인 한 병에 투자하는 것도 괜찮다. 여행에도 강약의 리듬이 있어야 즐거움도 큰 법이다.

인생에서 풍요는 단순한 소비가 아니라 특별한 경험을 위한 투자다. 우선순위로 삼은 '하고 싶은 목록'에 들어갈 비용을 뺀 남은 예산에서 식비와 입장료 등 기타 비용을 적절히 나누면 된다. 각 일정에 드는 비용을 조절해서 일정에 맞게 섞는다면 최고급 경험도 할 수 있고 과다 지출도 막을 수 있다. 주어진 예산 안에서 풍요로운 여행을 하려면 믹스앤매치하는 여우 같은 계획이 필요하다.

여행자의 수많은 선택이 모여 고유의 여정이 탄생한다. 모든 끼니마다 고급 레스토랑에서 먹을 수 없을뿐더러, 만약 비싼 음식만 먹는다 해도 식사 메뉴를 전부 기억하기 힘들 것이다. 최고급 장인의 스시를 맛보았다면 길거리의 100엔 스시도 먹어봐야 스시라는 메뉴의 다양성과 그 가치를 이해할 수 있다. 배낭을 메고 하루 종일 길 위에서 떠돌아다니는 유목 경험을 한 뒤에 감상하는 근사한 오페라 공연 한 편은 절대 잊지 못할 추억이 된다. 풍요로운 체험에 투자하여 여행의 격을 높이고, 균형 있는 경비 지출을 통해 여행의 경제 감각을 잃지 말자. 부유(浮遊) 속 부유(富裕)함은 소유보다 경험 투자에서 비롯된다.

짐이 가벼울수록
커지는 여행의
자유

행복하게 여행하려면 가볍게 여행해야 한다.
_생텍쥐페리

    공항에서 볼 수 있는 한국 사람들만의 특징이 있다. 바로 짐이다. 한 손엔 핸드백, 다른 한 손엔 면세점에서 산 물건이 들어 있는 비닐쇼핑백, 그리고 자기 몸 크기만 한 거대한 캐리어까지. 온몸을 짐으로 꽁꽁 싸맨 그들에게 여행은 쇼핑의 기회 그 이상도 이하도 아닌 것 같다. 가끔 검색대 앞에서 물건이 제대로 들어가지 못할 정도로 꽉 찬 여행 가방 위에 올라타 눌러 잠그고 있는 사람들을 볼 때면 여행자가 아닌 보부상 같다는 생각이 들 정도다. 짐을 잃을까 주변을 두리번거리며 제대로 앞으로 걸어가지 못하고 짐에 묶여 꼼짝도 못 하는 모습이 영락없이 쇠사슬에 발목이 묶여 자유를 잃은 죄수다. 죄명은 '너무 많이 가지려 한 죄'라고나 할까.

반면 대학생 배낭여행족 같은 간소한 차림으로 자유롭게 길을 활보하고 다니는 외국인 여행자들의 모습은 우리와 대조적이다. 배낭과 작은 캐리어는 자유를 향한 발걸음에 장애가 되지 않는다. 그들의 여유로운 표정엔 물건을 잃을까 하는 걱정은 전혀 느껴지지 않는다.

우리는 어디서 무엇을 하든 장비가 완벽히 준비되어야 하는 민족이다. 등산이나 캠핑을 가도, 가까운 공원에 소풍을 가도 양손엔 짐이 늘 한 가득이다. 혹시나 하는 걱정과 집을 떠나 생기는 불편함을 잠시도 인내하지 못하나 보다.

해외에 갈 때마다 라면과 고추장, 햇반을 챙기는 사람들이 꼭 있다. 혹여 한국 음식이 그리워지면 어쩌나 해서란다. 그래 놓고 챙겨 간 한국 음식은 꼭 불필요한 야식으로 먹는다. 다 읽지도 못할 걸 알지만 여러 권의 책을 챙기는 사람들도 있다. 휴가 때 아니면 언제 읽나 해서다. 결국 책 앞부분 몇 페이지만 너덜너덜해진 채 다시 돌아오지 않았나? 사람들은 늘 필요 이상으로 짐 꾸리기를 한다는 걸 알면서도 혹시 모를 만일의 상황을 위해 또다시 여행 가방을 꾸역꾸역 채운다.

25살 적 나는 여행이 아닌 이민 가방 수준으로 짐을 싸들고 프랑스 여행을 갔었다. 내 몸이 들어갈 정도로 커다란 가방이었다. 그 안에는 7박 8일 동안 일어날 모든 상황에 대비한 물건이 들어 있었다. 그리고 파리 쇼핑에 대비한 넉넉한 공간까지. 여행 초짜의 커다란 가방은 인천공항에서 짐을 부칠 때부터 문제였고, 프랑스 어딜 가나 애물단지였다. 프랑스의 보도는 일정하지 않은 크기의 돌로 되어 있어서 울퉁불퉁한 데다 가끔은 반갑지 않은 개똥이 등장해서 조심히 피할 줄도 알아야 한다. 숙소를 찾아가던 좁고 울퉁불퉁한 길목에서 커다란 여행 가방은 나의 체력과 인내를 시험하는 혹 덩어리였다. 돌길에서 낑낑거리며 여행 가방과 씨름하는 사이 바퀴는 개똥을 밟았고 상큼한 주황색 여행 가방엔 코를 찌르는 개똥 냄새가 배어버렸다. 길에 개똥이 있을 줄이야!

"메르드(Merde, 젠장)!"

아이러니하게도 개똥을 밟은 상황에서 개똥이라는 속뜻을 가진 감탄사를 외칠 수밖에 없었다. 과거 유학 시절 그렇게 개똥에 혼나고도 여행 가방 하나 때문에 또다시 이런 일을 당하다니, 과욕에 따른 자업자득이었다. 여기에 산 넘어 산이라고, 숙소에 도착해서 배정받은 방은 4층이었다. 엘리베이터가 없는 낡은 건물의 꼭대기 층에 위치한 다락방이었다. 개똥이 묻은 커다란 여행 가방을 손으로 끌고 삐걱거리는 나무계단을 올라가던 그때를 떠올리면 아직도 온몸이 쑤시는 듯하다. 8일 동안 나를 노예로 만든 여행 가방과의 프랑스 여행은 처음이자 마지막이 되었다.

휴가철이 돌아올 때마다 '여행 준비물 리스트'는 언제나 포털 사이트의 인기 검색어다. 그만큼 우리는 결핍을 두려워한다. 리스트 자체가 없으면 큰일 날 것 같은 강박관념을 만든다. 낯선 곳에서 새로운 경험을 하려고 떠난 여행에서 어떻게 예상된 시나리오 안에서 편하게 있을 생각만 하는가?

쇼핑도 마찬가지다. 고급 패션 브랜드가 밀집된 파리와 밀라노의 거리에 가보면 한국 사람을 만나기가 어렵지 않다. 한국보다 저렴하다는 이유로 지갑 열기를 멈추지 않는다. 도시 이름이 커다랗게 박혀 있는 기념품은 이유도 모른 채 산 뒤, 집안 어딘가에서 제구실을 하지 못하고 잊혀간다. 여행자는 소유하고, 고로 존재한다는 듯이 하나라도 더 손안에 넣기 급급하다. 쥐고 있는 물건 때문에 정작 여행의 본질인 즐거움을 놓치고 있다는 사실을 이제부터라도 알아야 한다.

《도시에 살며 사랑하며 배우며》의 저자 정희재는 쉽게 휘발되어버리는 소유의 기쁨 이면에 대해 다음과 같이 말한다.

"원하던 물건을 장만한 기쁨은 잠깐에 불과하지 않던가. 정말로 우리가 원하는 건 그 물건이 잠시 안겨주는 충만한 행복감이 아닐는지. 공동체 삶에서 수혈받는 생기, 충만함, 안정감이 부족할 수밖에 없는 도시에서 우리는 물질을 통해 대리만족을 느끼고 사는 게 아닐까. 마치 엄마의 사랑이 부족한 아이들이 베개나 인형을 안고 다니듯이. 그래서 어느덧 물질에서 물질 사이를 떠도는 여행자가 된 건 아닐까."

프랑스에서 여행 가방과 씨름한 이후, 내 짐은 눈에 띄게 심플해졌다. 이것도 저것도 필요하다고 죄다 챙겨 넣지 않는다. 짐이 가벼워질수록 여행자인 내가 자유로워진다는 사실을 절실히 느꼈기 때문이다. 소유와 자유는 정확히 반비례 관계라는 나만의 여행공식이 생겼다. 손에 쥔 물건이 적을수록 '지금 이 순간'에 더욱 충실할 수 있다. 소유욕에서 멀어질수록 여행자는 평소에는 보이지 않던 가치들을 발견하고, 풍요에 대한 갈증을 해소한다. 소유에 집착하느라 분산되었던 에너지는 다시 현재에 집중된다. 유달리 파랗고 맑은 하늘, 바람을 통해 전해지는 풀냄새, 지나가다 눈이 마주친 낯선 이의 미소, 여유로운 오후의 홍차 한 잔…….

다음은 소유에서 자유로운 여행자의 짐을 꾸리는 나만의 원칙이다.

하나, 무조건 기내용 사이즈의 여행 가방 하나로 해결한다. 공항에서 짐을 찾는 시간을 절약할 수 있고, 경유 항공기를 이용할 때 자주 발생하는 분실의 위험도 막을 수 있다. 가방의 바퀴는 4개짜리를 써야 이동하기 편하다.

둘, 옷가지는 최대한 간단하게 싼다. 재킷 하나, 티셔츠 2~3개, 편한 바지 1~2개면 충분하다. 잃어버리거나 망가질까 봐 신경 쓰이는 아이템은 포기하자. 귀한 옷 때문에 더 귀한 여행을 망칠 수도 있다. 현지에서 쇼핑할 예정이라면 옷가지가 늘어날 테니 더 적게 가져가도 좋다.

셋, 일주일 이상의 장기 여행이라도 한국 음식은 욕심내지 않는다.

돈 내고 여행 가서 군이 평생 주식인 한식을 먹어야 할 이유가 무엇인가? 현지에선 현지법을 따르듯, 주어진 환경에서 해결하려고 노력하자. 만일에 대비한다고 챙긴 한국 물건만 빼도 가방은 훨씬 가벼워진다. 가방 속 메이드인코리아는 비상약으로 충분하다.

　짐을 꾸리는 기준이 생기자 여행의 불안감도 많이 줄어들었다. 더 뚜렷해진 주관으로 고민하거나 망설이지 않는다. 여행에서 하고 싶은 것이 무엇인지, 떠남에 있어 내게 무엇이 중요한지 분명해졌기 때문이다. 더 간편하게, 더 자유롭게 심플한 여행자로 변해가는 내 모습을 보며 소유욕은 한낱 불안감에 지나지 않았음을 깨달았다. 필요한 물건을 빠뜨렸다고 해서 걱정하지도 않는다. '조금 불편하면 어때, 뭔가 다른 방법이 있겠지' 하고 재빨리 상황에 적응하는 편을 택한다. 지금을 사는 진짜 나 자신으로 돌아온 것이다.
　여행 가방을 싸는 습관은 생활방식에도 영향을 준다. 짐을 간소화하는 것이 몸에 배면 평소 가지고 다니는 가방이나 옷차림도 심플해진다. 이제 내 가방 속에는 메모장, 펜 한 자루, 책 한 권, 지갑과 로션하나 외에는 그 어느 것도 들어가지 않는다. 생활의 변화는 물건을 지니는 데 자연스럽게 자기 통제력을 길러주었다. 이젠 막연히 갖고 싶다는 욕심보다 '갖고 싶긴 하지만 나에게 정말 필요한가?'라는 자기점검이 앞선다.
　인생에 필요한 것을 제대로 소유하기 위해 불필요한 것을 정리하는 일은 내 여행 가방에서부터 시작된다. 무엇을 챙길지보다 무엇을 뺄지 고민하면서 생각과 행동의 자유를 얻게 될 것이다. 당장 욕심을 채울 큰 여행 가방부터 버려라!

길을 잃어야 깨닫는
진짜
설렘

> 진정한 걷기 애호가는 구경거리를 찾아 여행하는 것이 아니
> 라, 즐거운 기분을 찾아서 여행한다. 우리들의 발에는 뿌리
> 가 없다. 발은 움직이라고 생긴 것이다.
> _다비드 르 브르통 《걷기 예찬》 중에서

세상을 살면서 아주 무난했던 일에 대한 기억은 많
이 남지 않는다. 시간이 흘러서도 떠오르는 과거의 일은 강렬한 순간
들이다. 어린 시절 좋아하던 아이 앞에서 부끄러운 실수를 한 일, 대
학교에서 처음 사귄 남자친구와의 첫 키스, 군대에 있는 그를 만나기
위해 찾아간 면회에서 세상 무너질 것처럼 펑펑 울던 때, 첫 배낭여
행에서 처음 맛본 갓 구운 팽 오 쇼콜라의 고소한 버터 향, 가슴 떨리
는 첫 면접, 그리고 첫 출근 날까지……. 과거는 강렬했던 추억의 잔

상과 느낌으로 남고, 우리 삶은 느낌을 선사하는 경험들로 채워진다.

국내 여행지로 인기를 끌고 있는 군산 하면 대체로 떠오르는 것들은 일본강점기의 흔적이 남은 몇몇 건축물과 그 주변의 예쁜 카페, 기다리지 않으면 먹을 수 없는 이성당 빵집의 단팥빵, 소고기뭇국 정도다. 그러나 나에게 군산은 즐거운 군산 여행 코스로 소개된 목록보다 뽕짝과 시골 아주머니들의 웃음소리로 기억되는 푸근함이다.

워낙 블로그와 기사로 많이 접했던 군산은 가기 전부터 낯설지 않게 느껴졌다. 별문제 없이 잘 다녀올 것 같은 기분이었다. 군산의 이방인으로 첫 반나절 동안 다닌 곳은 유명하다, 꼭 가봐야 한다는 명소들이었다. 나에겐 처음이었지만, 사전에 뒤져본 블로거나 여행작가의 사진과 글 때문인지 새로움 없이 익숙하기만 했다.

군산에서 3번쯤 이동하고 있을 때쯤, 사전에 알아두었던 여행정보와 실제 방문 장소를 비교하고 있는 나를 발견했다. 새로운 것을 발견하는 호기심 많은 여행자는 사라지고, 누군가가 만들어놓은 군산 여행 루트를 헨젤과 그레텔이 과자를 따라가듯 수동적으로 따라 이동하고 있었다. 군산에서의 첫 끼니는 내 손으로 고른 메뉴가 아니었다. 사전 정보를 믿고 온 수많은 방문객들과 함께 한 시간 동안 줄을 서서 겨우 짬뽕 한 그릇을 먹을 수 있었다. 전국에서 손에 꼽힌다는 단팥빵은 다른 관광객들과 경쟁하듯 쟁반에 담았다. '여기가 사람들이 찾는다던 그곳이구나' 하는 생각은 역사 깊은 세관 건물을 동네 건물 훑어보듯 하게 만들었다. 여행자의 감상은 자유를 잃고 어느새 누군가의 기행문대로 되어갔다.

답답한 마음에 계획했던 코스를 벗어나기로 마음먹었다. 빵집에서 간단히 배를 채우고 아무런 이정표 없이 빵집 옆 이면도로로 들어갔다. 누구나 알고 있는 군산의 이미지 말고 나만의 것을 찾기 위해. 관광지에서 벗어나자 아주 평범한 상점과 집이 오밀조밀 모여 있는 골목길이 펼쳐졌다. 가야 할 목적지가 사라지자 마음이 한결 가벼워졌다. 사전에 알아둔 정보가 없자 무엇을 놓치면 어쩌나 하는 걱정도 사라졌다. 이름 모를 골목길은 사람의 손을 많이 타지 않아 꾸밈없는 그대로의 군산을 보여주었다.

갈림길이 나오면 그저 마음 내키는 대로 하나를 선택했다. 점점 중심지와 멀어지고 구불구불한 옛길을 따라가다 보니 새로운 풍경이 눈에 들어오기 시작했다. 일찌감치 저녁을 준비하는 주방에서 흘러나오는 구수한 집밥 냄새, 반쯤 열린 작은 대문 사이로 보이는 소박한 살림살이와 대화 소리, 담벼락 너머 잘 정돈된 아담한 정원, 작은 구멍가게의 낡았지만 정겨운 간판까지. 평소 고층 빌딩 사이에서는 볼 수 없었던 넓고 파란 하늘이 일층집 지붕 위로 쏟아지고 있었다.

그때 코너의 작은 가정집에서 까르르 웃음소리와 함께 흥겨운 뽕짝 음악이 새어 나왔다. 세대와 지역을 넘어 오후 골목길의 뽕짝은 여행자를 군산에 온전히 흡수시켜주었다. 나는 잠시 발길을 멈추고 뽕짝 소리와 함께 주변 풍경을 천천히 둘러보았다. 여기가 지리적으로 어딘지는 정확히 모르지만, 옛 멋이 그대로 살아 있는 군산의 느낌은 이해할 수 있었다. 계획에서 벗어나 두 발로 길을 헤매고 나서야 나만의 군산 풍경을 담아올 수 있었다. 길을 잃고 자유롭게 이동하고 나서야 진짜 군산 여행이 시작된 것이다.

미 대륙을 발견한 탐험가 콜럼버스는 "어디로 가는지 알지 못할 때만큼 멀리 갈 때는 없다"는 말을 남겼다. 파리를 사랑했던 미국 소설가 헤밍웨이는 "길을 잃으면 파리지앵은 산책을 한다"고 했다. 낯선 곳에서는 모르는 게 약인 경우가 많다. 여행자가 지나치게 철저하면 미지의 대상에 대한 두려움이 커지기 마련이다. 얼마나 자율적으로 자유롭게 움직이느냐에 따라 신선한 즐거움이 생기고 여행지의 숨겨진 보물들을 수확할 수 있다. 진정한 여행을 위해서라면 즉흥적인 상황도 즐길 줄 알아야 한다.

김화영 교수는 《행복의 충격》에서 '관광 시대'의 안타까움을 이야기한다.

"행복을 향하여 미래를 향하여 새로운 낙원을 향하여 떠나는 자는 사실 알지 못하는 것에 대한 공포, 그 공포를 지불하는 순간에 가슴을 진동시키는 놀라움을 향하여 떠나는 것이다. 그러나 떠나면서도 절대로 떠나지 않는 자들의 시대가 이제는 오기 시작했다. (…) 모든 위험, 모든 예기치 않은 일, 모든 낭비, 모든 두려움이 제거되고 예방된다."

여행자 대신 관광객 무리가 주도하는 여행의 세계에서 이제 예측 불가능한 여정에서 얻는 흥분과 설렘은 사라진 걸까? 떠나면서도 절대 떠나지 않는 우리의 여행 정신은 어디로 간 걸까?

여행은 완결형이 아니라 진행형이어야 한다. '어디에 도착했다'는 결과 중심의 여행보다 '지금 무엇을 하고 있다'고 모든 과정에 의미를 두는 여행을 해보자. 이미 정의된 길이 아니라 내가 만드는 길을 택하는 것이다. 나만의 특별한 여행을 위해서 조금의 불편함과 불안함은 즐길 줄 알아야 한다. 모르는 길로 들어서면 여정의 일부로 감상할 줄 아는 여유를 부려보고, 길을 잃고 헤매는 순간에도 왔던 길로 돌아가려고만 하지 말고 지도 밖의 새로운 대상을 발견하려는 의지를 가져야 한다.

모험정신으로 여행의 예측 불가함을 즐기는 데 필요한 것은 단 하나다. 강박관념 버리기. 무엇을 꼭 해야 한다는 의무감을 버리고, 더 많이 보고 손에 넣겠다는 욕심을 버리자. 강박관념에서 벗어나면 자연스럽게 결과 중심의 여행에서 벗어나게 된다. 그리고 여행지와 여행자 자신 본연의 모습에 여행의 흐름을 맡겨보자.

말도 서투르고 프랑스 물정도 모르고 파리의 지리도 몰랐던 10년 전, 함께 파리 여행을 했던 언니와 지난 여행에 관해 이야기를 나눈 적이 있다. 10년이나 지났지만 그때의 추억이 아직도 선명하다며 파리를 향한 그리움에 빠져들곤 했다.

"너랑 같이 하루 종일 골목골목 헤매면서 파리를 돌아다녔던 그

이틀이 기억에 가장 많이 남아. 다리가 퉁퉁 부어서 밤마다 피곤하긴 했지만 그만큼 재미있었거든. 길거리 바게트 샌드위치도, 아기자기한 골동품 가게도, 아주 좁고 낡은 우리 숙소 근처의 카페도……."

파리에 대해 아는 것도 지금처럼 많이 없었고, 도로와 지하철역 이름도 익숙하지 않았다. 하지만 미완성의 파리 여행은 지도에 없는 나만의 여정을 찾아주었고, 여행길의 낯설었던 모든 순간이 강렬한 추억으로 남았다. 지금도 파리에 갈 때마다 반나절쯤은 지도 없이 무작정 골목길을 걷는다. 헤매듯 산책하다 만나는 예상 밖의 새로운 대상에 짜릿함을 느끼며 여행의 만족도는 높아진다. 관광 지도에 없는 길에서 발견하는 여행자만의 행복이다. 관광객 무리는 절대 알 수 없는 보물은 불안정하고 불편한 낯선 길 위에 숨겨져 있다.

군산은 오직 나에게만 정겨운 뽕짝 산책로로 기억된다. 여행은 그 누구로부터 정의되는 것이 아니다. 오로지 여행자 자신의 유일무이한 체험으로 기억되어야 한다. 나만의 여행을 위해 지도 밖의 낯선 길로 나서자. 길 잃는 실수를 여행의 낭만으로 받아들이자.

새벽의 여행지에서 느끼는
진한
삶의 현장

> 모든 일을 잠시 내려놓고, 그동안 무시했던 그대의 영혼이
> 다시 그대를 만나게 하라. 그것은 그대의 잊혀진 신비와 다
> 시 가까워지는 멋진 일이다.
> _켈트인 속담

여행하는 동안 대부분 하루의 시작은 아침 식사 이
후부터다. 점점 쌓여가는 여독과 전날의 피곤함이 아직 가시지 않아
해가 뜨고 나서도 눈꺼풀은 무겁고, 몸은 잠자리에서 벗어나지 못한
다. 느긋하게 아침을 먹고 체크아웃 시간에 맞춰 몸을 움직이며 여행
지에서의 하루가 시작된다.

인기가 많다 싶은 여행지는 느지막한 오전 시간부터 방문객들로
북적인다. 박물관 앞에는 전 세계에서 온 사람들로 가득하고, 번화가

의 음식점들은 끼니를 해결하려는 손님으로 끊임없이 교체된다. 어딜 가나 줄 서기는 기본이고, 카메라와 지도를 손에 들고 떠돌아다니는 나 같은 사람을 현지인보다 더 많이 만난다. 여기저기서 모인 여행자들로 가득해진 이 낯선 곳은 사람들이 살아가는 평범한 곳이 아니라 관광객을 접대하는 관광지의 기능에만 충실하다. 인간적인 냄새는 사라지고, 화려하고 짙은 인공의 향수 냄새만 남는다. 향수 냄새는 가끔 스쳐 지나갈 때는 매력적으로 느껴지지만, 좋은 원료만을 모은 짙은 향도 계속 맡다 보면 머리가 아프다.

언제부터인가 여행지를 꽉 매운 관광객들이 보기 싫어졌다. 여행의 모든 것들이 식상함으로 다가왔다. 나도 별다를 바 없이 주변 여행자들과 같은 처지이긴 하지만 그 속에 섞여 누구나 보는 것만 보고, 다들 먹는 것만 먹고, 비슷비슷한 여정을 겪고 있는 상황이 식상하게 느껴지기 시작했다. 내 손에 든 쇼핑백과 똑같은 것을 들고 다니는 관광객을 마주칠 때면 왠지 모르게 낯뜨거울 때도 있었다.

점차 관광객으로 북적이는 시간대를 피하게 되었고, 여행의 낭만을 침범받기 싫은 마음은 이른 아침 나를 깨우는 힘이 되었다. 다른 여행자보다 먼저 일어나 온전히 장소에 몰입할 수 있는 타이밍을 찾기 위해서였다. 더 일찍, 더 일찍…… 여행지의 평범함을 벗어나고 싶다는 생각은 여행의 주축 시간을 새벽으로 옮겨놓았다. 잘 포장된 관광지라는 이미지 뒤에 있는 보지 못했던 도시의 진짜 모습을 보고 싶었다.

전날 시장에서 먹었던 꼼장어와 소주가 새벽까지 속을 괴롭혀서 그런지 이른 시간에 눈이 떠졌다. '이왕 깬 거, 운동 삼아 산책이나 해볼까' 하는 생각에 찌뿌둥한 몸을 이끌고 밖으로 나왔다. 그 유명한 해운대 앞바다를 늘 더 유명한 야경 때문에 제대로 감상하지 못했다. 탁 트인 바다가 보고 싶어 해운대로 향했다. 해수욕장 입구에서 조선호텔이 보이는 방향으로 펼쳐진 백사장을 따라 쭉 내려왔다. 잠을 깨기 위해 사 들고 온 따뜻한 모닝커피가 쌀쌀한 바닷바람에 움츠러든 몸을 달래준다. 식도락, 관광지, 유흥가가 밀집한 번화가 해운대의 새벽은 여느 바닷가와 같이 차분하고 안정된 모습이었다. '관광지'가 아닌 '자연'으로서의 해운대는 평화 그 자체였다. 시원하게 트인 수평선에 시선을 고정시키고 바다 냄새를 흠뻑 맡으며 그 길로 동백섬까지 걸어갔다. 평화로운 새벽 산책은 여행의 피로를 말끔히 가셔주며 하루의 시작을 활기차게 해주었다.

부산 해운대 하면 저녁의 화려한 거리와 야경을 먼저 떠올리곤 했다. 새벽을 경험하기 전까지 말이다. 부담스러운 호객행위도, 눈을 피곤하게 하는 네온사인도, 위협적인 자동차 경적 소리도, 복작거리는 인파도 없는 새벽 시간이 해운대의 순수함을 만날 수 있는 최고의 순간이었다.

새벽은 장소의 '생얼'을 만날 수 있는 기회다. 여행지의 새벽은 이방인인 나에게 요구하는 게 없다. 짐은 그대로 숙소에 둔 채, 고양이 세수를 하고 편한 옷을 대충 걸친 뒤 부담 없이 나오기만 하면 된다.

새벽 여행자에게 화장은 불필요하다. 누군가의 시선을 의식할 필요 없는 고요한 시간이기 때문이다. 여행길의 아름답고 화려한 화장한 얼굴은 아직 개시 전이다. 새벽의 여행길은 그곳에 사는 사람들의 희로애락, 과거와 현재가 담긴 삶의 길이다.

새벽이 좋은 점은 크게 두 가지다. 먼저 나처럼 떠돌아다니는 관광객들을 거의 볼 수 없다. 오로지 주어진 삶을 묵묵히 받아들이고 여행지가 아니라 삶의 터전으로 도시의 하루를 제일 먼저 여는 사람들이 있을 뿐이다.

시계가 없으면 밤인지 새벽인지 분간하기 어려운 이른 새벽 시간을 시작하는 사람들은 환경미화원이다. 전날의 소비와 쾌락의 흔적들이 이곳저곳 쓰레기로 얼룩진 도시를 언제 더러운 적이 있었느냐는 듯 말끔히 치운다. 편의점에는 아침 손님을 맞이하기 위해 방금 도착한 따끈한 음식들이 배달된다. 밤샘 근무를 한 피곤한 얼굴의 편의점 직원에겐 아마 새벽은 하루의 시작이 아니라 끝일 것이다. 카페와 아침 식사를 파는 식당에도 불이 켜지기 시작한다. 수많은 행인들의 아침 출근길에서 피로와 잠을 쫓는 데 큰 역할을 하는 사람들이다. 우리가 잘 보지 못해 무시하고 있던 시간대에 자기 일을 묵묵히 해내고 있는 사람들이다. 해가 뜨기 전 남들보다 부지런히 하루를 시작한 사람들의 표정에서 내가 사는 곳의 출근길에서 만나는 얼굴들이 떠오른다. 그래서 새벽은 어느 방송 프로그램 제목처럼 '체험 삶의 현장'이다.

새벽에는 거리와 거리 위의 자연과 대화할 수 있다. 대낮에는 내가 가려는 목적지 이외에 지나치는 도시의 풍경에 집중하기 어렵다. 반면 사람들의 발길이 뜸한 새벽길은 여행자와 좀 더 밀접한 관계를 형성한다. 길 위에 내 행로를 가로막는 인파가 없어 걷는 속도를 내 맘대로 조절할 수 있다. 게다가 도시를 새롭게 소개해준다. 누군가 살고 있는 집, 특별할 것 없어 보이는 길, 건물들, 길가의 가로수와 교감할 수 있다. 태양의 열기가 사라진 새벽의 선선한 공기는 가슴 속까지 시원하게 해준다. 이방인에게 여행지의 새벽은 평범한 삶의 흔적을 특별한 예술로 바라볼 수 있게 하는 시선을 제공한다.

익숙한 몸의 리듬을 벗어난 새벽 시간 여행은 생각보다 실천하기 어렵다. 그래서 새벽과 친숙해지기 위한 나만의 노하우가 있다.

전날 저녁 일정을 자제하라

평소 새벽형 인간이 아니고서야 여행 내내 이른 아침에 눈을 뜨고 숙소를 나서기란 쉽지 않다. 단 하루라도 좋다. 대신 새벽 산책을 결심한 전날에는 무리한 저녁 일정은 피하자. 분위기에 취해 늦게까지 술을 마시거나 무리하게 이동하는 것은 다음날을 망치기 마련이다. 상쾌하게 새벽을 시작하기 위해선 주어진 환경에서 최대한 몸을 가볍게 하자.

시차를 활용하면 새벽이 쉽다

지구 반대편에 있는 나라를 여행하는 데 가장 큰 어려움 중 하나는 바로 시차 적응이다. 특히 유럽여행의 처음 하루 이틀은 이른 저녁 시간부터 졸리기 시작하고, 깜깜한 새벽부터 눈이 떠진다. 일찍 자고 일찍 일어나 아쉽다고 여겼다면 관점을 바꿔보자. 시차를 활용해서 새벽을 즐기는 것이다. 몸의 리듬을 억누르지 말고 일정 초반에 새벽을 여행한다면, 시차가 더 이상 힘들지 않고 여행의 일부가 된다. 시차가 있는 곳을 여행할 때만큼 새벽 시간이 쉬운 적은 없다.

평소 즐기던 취미를 새벽에 한다

여행에서도 나만의 시간은 필요하다. 평소 익숙하게 즐기던 취미거리를 낯선 곳에서 해보면 신선한 기분이 든다. 낮에는 이동하면서 구경하기 바쁘고, 저녁에는 식사하고 지친 몸을 쉬느라 여유가 없다. 이른 아침 숙소를 나서서 카페에 가서 읽고 싶었던 책을 읽거나, 산책길이나 강가를 따라 조깅을 해보자. 여행지의 새벽 시간도 놓치지 않고 내 것으로 만드는 방법이다.

사람은 자기가 겪어본 세상밖에 이해하지 못한다고 한다. 경험한 삶의 범위가 곧 자신의 앎의 크기다. 사람으로 북적거리는 밝고 생동감 넘치는 여행 장소의 모습만 본다면, 우리에게 그곳은 관광객을 위한 유희의 장소로 기억될 뿐이다. 조각이 빛의 각도와 양에 따라 다르게 보이듯, 여행지의 다양한 면을 볼 줄 아는 눈과 열정이 필요하다. 다양한 모습을 발견해갈수록 여행이 우리의 삶과 긴밀하게 연결되어 있음을 깨닫게 될 것이다. 창밖의 새로운 세상을 즐기기 위해 아침잠은 잠시 미뤄두자. 아무도 여행하지 않는 새벽을 틈타 관광지에서 벗어나 진짜 삶의 현장을 체험하자.

새벽은 여행지의 생얼이자, 생얼의 여행자를 깨우는 길 위의 또 다른 세상이다.

선 공부,
후 체험으로 만드는
나만의 인문학

여행에서 지식을 얻어 돌아오고 싶다면 떠날 때 지식을 몸
에 지니고 가야 한다.

_새뮤얼 존슨

학창 시절부터 뭐든지 욕심이 많았던 친구 L은 여행
역시 빠지지 않는다. 바쁜 직장생활에도 틈틈이 국내 해외 가리지 않
고 돌아다니기를 좋아하는 싱글 여성이다. 올해 여름도 어김없이 동
남아로 나갈 예정이라는 말에 문득 여행에 대한 그녀의 생각이 궁금
해졌다. 수다를 늘어놓던 도중 나는 L에게 물었다.

"넌 여행을 왜 해?"

근본적이시만 선뜻 답하기는 어려운 물음이었다.

"그냥 노는 거지. 지긋지긋한 데서 벗어나 먹고 마시고 쉬고. 요즘

같이 스트레스 많은 직장인한테 여행이 무슨 여행전문가처럼 특별하진 않잖아."

그녀의 대답에는 여행 자체에 대해 깊게 생각해본 적도 없고 그럴 필요도 없다는 뉘앙스가 담겨 있었다.

하긴 틀린 말은 아니다. 어딘가로 떠나는 일은 그 자체만으로 큰 즐거움이다. 실컷 먹고, 푹 쉬고, 원하는 것만 골라서 하는 며칠간의 자유. 바쁜 생활에 지친 사람들에게 여행은 대부분 쾌락이 목적이다. 그렇다면 단순히 즐기는 여행이 언제까지 우리를 만족시켜줄까? 쾌락에는 한계가 있다. 물론 '여긴 자연경관이 아름답구나', '이 지역은 맵고 강한 향신료를 좋아하는구나', '교통체증이 심해 지하철로 이동하는 게 편한 도시구나' 정도의 기본적인 이해를 통해 자신이 방문한 곳에 대해 배우기도 한다. 그러나 어디로 가느냐에 따라 음식과 언어만 바뀔 뿐, 여행자의 행동패턴과 사고에는 큰 변화가 없다. 여행을 통해 스스로 변화를 꾀하기 위해선 여행자 자신의 노력이 필요하다. 타지에서의 흥밋거리가 저절로 찾아오는 것은 아니기 때문이다. 여행의 깊이는 근본적으로 여행자의 노력 여부에 달려 있다.

앞서 친구 L에게 물었던 "왜 떠나느냐"는 질문은 "왜 배우느냐"와 연관된다. 배움의 목적은 사람을 이해하는 일이라고 하지 않던가? 결국 사람 공부가 먼저지, 똑똑해지려는 목적은 그다음 문제다. 요즘같이 인문학책이 히트를 하고 모든 장르에 '인문'이라는 수식어를 덧붙이는 이유는 지식보다 지혜를 갖추기 어려워진 탓이다. 길 위의 학문인 여행은 가장 역동적이고 직접적인 배움 법이다. 우리는 일부러 익숙함에서 벗어나 낯선 환경의 모든 것을 경험한다. 그리고 세상의 이치와 삶의 다양성을 체득한다. 하지만 우리는 떠날 기회는 많았음에도 사람 공부를 해볼 기회를 스스로에게 주지 않았다.

여행은 성인이 된 우리에게 학생의 신분으로 돌아갈 기회를 준다. 다양한 환경이 창조한 다양한 문화, 그 속에서 살아가는 각양각색의 사람들까지, 세상이라는 학교에서 여행자는 자유롭게 체득할 권리를 갖게 된 학생이나 다름없다. 독일 문학가 헤르만 헤세는 여행을 배움의 기회로 여겨 1900년대 초반 유럽과 아시아를 누볐다.

"스스로 좋아하고 찾아서 배우려고 하면서 몰두하는 데 의미를 부여해야 한다. 여행은 어떤 나라와 민족, 어떤 도시나 풍경을 여행자의 정신적 소유물로 만들려는 목적을 지녀야 한다. 여행자는 헌신적으로 사랑하는 마음으로 낯선 것에 귀 기울여야 하고, 낯선 것에 담긴 본질의 비밀을 끈기 있게 알아내려 노력해야 한다."

헤세 수준까지는 아니더라도 새로운 것을 발견하고, 알아나가고, 체험을 통해 여행 경험을 나의 자양분으로 만들려면 '공부하는 여행'도 필요하다. 단순히 도시 이름, 길 이름, 음식 이름을 외우는 것이 아니다. 이 도시의 득징은 무엇이며, 역사적 배경은 오늘날에 어떤 영향을 미치며, 과연 현지인들은 왜 이 음식을 즐겨 먹게 되었으며, 이곳 태생의 유명 예술가는 어떤 영감을 받았는지 여행지에 대한 근본적인 호기심을 지금보다 조금만 더 가져보는 것이다. 문화적 관심과 이해는 곧 길 위에서 배우는 나만의 인문학이다.

특히 전공자나 전문가가 아닌 이상 평소 박물관이나 미술관에는 흥미를 갖기 어렵다. 관심 밖의 대상이었던 예술과 역사를 내 삶으로 끌어올 수 있는 친밀한 방법 역시 여행만 한 것이 없다. 전문가적인 지식이 없어도 여행자로 부담 없이 즐길 수 있기 때문이다. 감상의 기회를 얻고 전보다 관심을 두게 되는 것만으로도 여행 자체는 물론 삶 전체가 풍요로워진다.

여행을 위한 공부는 우리가 학생이었을 때 했던 공부와 달리 자발적이어야 가능하다. 자기 관심 분야를 직접 길 위에서 찾고 알아가고 체험해보며 일상과 또 다른 기쁨을 얻을 수 있다. 스스로 학습하면서 저절로 나 자신이 확장되어가고 있음을 느끼게 될 것이다.

공부하는 여행이라고? 말은 거창하게 들릴 수도 있지만 간단하다. 선(先) 공부, 후(後) 체험이라는 커리큘럼을 짜고 실행하면 된다.

10년 차 여행가의 여행 공부법 5단계를 소개한다.

선 공부	❶ 테마가 정해졌다면 가이드북을 제외한 인문, 교양 분야(세계사, 미술사, 예술가의 일대기, 예술작품 해설, 관련 소설 등)의 서적을 읽어본다.
	❷ 미술가, 소설가, 특산물, 음식, 건축물 등 어떤 것이든 좋다. 여행지의 궁금한 대상, 즉 공부 주제 하나쯤은 정해서 미리 알아본다(위키피디아, 구글 같은 글로벌 사이트 참고). 자료를 수집하고 정보를 정리한다.
후 체험	❸ 여행 일정 중 하루 정도는 관심 대상에 투자하는 시간을 가진다. 박물관, 음식점, 상점 어디든 좋다. 중요한 것은 궁금했던 대상을 '체험'하는 것이다.
	❹ 대상에 대한 느낌, 새롭게 알게 된 점은 간단히 메모해두고 나만의 산지식으로 만든다.
	❺ 여행에서 돌아온 뒤 여유가 있다면 읽어보았던 서적을 다시 읽어도 좋다. 현장을 체험한 뒤 발전한 나의 변화된 시각으로 같은 자료를 보면 느낌이 다를 것이다. 그만큼 여행을 통해 앎의 깊이가 깊어진다.

여행 전 공부, 여행지에서의 실전 체험을 통해 이론과 실습을 둘 다 학습하는 여행학교 커리큘럼은 지식에 숨을 불어넣는다. 단순한 즐거움으로 여겨질 뻔했던 길 위의 체험이 나만의 세상 공부, 인문학으로 가치를 얻게 된다.

국내 여행을 통해 한국 미술사의 대중화를 선도했던 《나의 문화유산답사기》를 집필한 유홍준은 "사람은 아는 만큼 느낀다"고 강조했다. 10여 년 동안 답사를 다닌 유홍준의 여행 철학은 길 위에서 나만의 인문학을 계획하는 여행자들에게 유익하다. 그는 책 속에서 공부 여행을 '문화지리답사'로 다음과 같이 설명한다.

"답사를 다니는 일은 길을 떠나 내력 있는 곳을 찾아가는 일이다. 찾아가서 인간이 살았던 삶의 흔적을 더듬으며 그 옛날의 영광과 상처를 되새기면서 이웃을 생각하고 그 땅에 대한 사랑과 미움을 확인하는 일이다. 그런 답사를 올바로 가치 있게 하자면 그 땅의 성격, 즉 자연지리를 알아야 하고, 그 땅의 역사, 즉 역사지리를 알아야 하고, 그 땅에 살고 있는 사람들의 삶의 내용, 즉 인문지리를 알아야 한다."

공부 여행은 나만의 여행 체험을 지식으로 만들어 머리와 가슴속에 새기는 일이다. 선 공부, 후 체험의 여행 커리큘럼을 통해 지명과 사람 이름뿐 아니라 느낌을 품게 된다. 편견은 깨뜨리고, 아는 것이 늘어나며, 생각은 넓어진다. 그 인문학은 결국 여행자가 다시 일상으로 돌아왔을 때 더 풍요롭고 현명하게 살아갈 수 있는 지혜로 발휘될 것이다. 세상이라는 학교의 무한한 공부 주제 앞에서 우리는 늘 배워야 하는 어린아이와 같은 학생이다. 여행을 통해 공부를 '우아한 취미'로 만들어보자.

이동시간에 발견하는
과정의
의미

여행의 핵심은 자기가 원하는 대로 생각하고 느끼고 행동하는 자유, 그것도 완전한 자유다.
_해즐릿

퇴근 후 가슴이 답답할 때면, 시청역에서 402번 버스를 타곤 했다. 버스가 한강 이남으로 내려올 때까지 버스 맨 뒷자리에서 말없이 창밖만을 바라보았다. 이동히는 차 인에서 끊임없이 바뀌는 창밖 풍경을 바라보는 시간은 머릿속을 정리하는 더없이 좋은 시간이었다. 늘 변하기에 때때로 낯설게 느껴지는 서울의 모습을 관찰하며 하루 종일 일과 씨름하는 사무실, 마주 보고 있던 얼굴들, 내일 기나리고 있을 밀린 업무를 잠시나마 잊을 수 있었다.

402번 버스의 매력은 내가 가장 좋아하는 서울 길, 남산 소월길을 지난다는 점이었다. 10분이면 복잡한 서울의 구도심을 벗어나 남산 중턱의 소월길 위를 달려갔다. 남산의 우거진 숲 사이 구불구불한 가로수 길 아래로 서울 시내가 내려다보이는 소월길 버스 코스는 단연 최고다. 남산을 지나 이태원을 거쳐 아름다운 야경의 한강까지 건너면 버스로 대신하는 서울 여행이나 다름없었다. 집까지 30분이나 돌아가긴 하지만, 402번 버스를 타고 퇴근길을 즐기며 내가 사는 도시의 여행자가 될 수 있었다.

출국을 위해 공항으로 향하는 버스 안, 출발 시간을 기다리는 터미널, 숙소까지 향하는 시내버스와 지하철, 다른 도시로 이동하기 위해 탄 기차와 버스…… 잠자는 시간을 제외하고 여행의 주된 시간을 이동하며 보낸다. 그러므로 이동도 여행의 일부분이다. 교통수단은 목적지로 가기 위한 도구가 아니라 여행의 또 다른 방법이다.

그러나 실제로 많은 사람에게 이동하는 시간은 죽은 시간으로 버려진다. 원하는 목적지까지 가기 위해 참고 견뎌야 하는 피곤한 시간으로 여긴다. 잠을 자거나 그저 멍하니 앉아 짐을 지키고 있거나. 그리고 더 빠른 열차, 더 빠른 버스, 최단 경로를 찾아 목적지까지 빨리 가려고 한다. 효율적인 여행을 위해 우리는 속도에 맞추어 일정을 보낸다.

서울에서 해남으로 여행을 떠난 소설가 박완서는 여행을 제안한 친구의 예기치 못한 실수로 광주에서 해남이라는 장거리 구간을 직행버스가 아닌 시외버스로 가게 되었다. 그녀는 정거하는 시외버스로 이동시간이 길어진 덕분에 평범한 시골에서 그동안 보지 못했던 특별한 아름다움을 보았다. 박완서는 기행문 《잃어버린 여행 가방》에서 비효율적인 시외버스를 통해 발견한 '과정'에 대한 깨달음을 이야기한다.

"내가 지금까지 해온 여행은 과정을 무시한 목적지 위주의 여행이었다. 그게 얼마나 바보 여행이었던가를 알 것 같았다. 어디를 가기로 정하면 먼저 될 수 있는 대로 빨리 갈 수 있는 교통편을 강구하고, 가면서 통과하게 되는 고속도로나 국도변의 풍경은 가능한 한 빨리 스치는 게 수였다."

효율은 인간다운 만족과 깨달음의 기회를 앗아가기도 한다. 속도에 집중하면 과정은 단지 빠르기를 판단하기 위한 수치일 뿐이다. KTX로 서울과 부산을 3시간 만에 가게 되었지만, KTX 승객들은 무궁화호를 탔던 과거만큼 창밖의 풍경을 기억하지 못한다. 지하철 9호선으로 서울 서쪽에서 동쪽까지 20분이면 가게 되면서, 9호선을 타는 승객들은 수십 년 된 1호선의 느린 운행을 답답해하기 시작한다. 과정은 무시되고 획기적인 결과에 시선을 고정하는 사회 분위기로 일상의 소소한 즐거움을 볼 수 있는 비효율적인 낭만은 점차 바보 취급을 당하고 있다. 우리의 생활은 언제나 효율적이어야 하기에, 일상에서 벗어나기 위해 떠나는 여행마저 효율성의 원리로 판단하고 행동한다.

하지만 여행을 갈망하는 우리는 이동할 수밖에 없다. 이동을 통해

가던 길을 지속하며 여행자는 자신이 살아 있음을, 일상의 프레임에서 벗어나 특별한 시간을 보내고 있음을 깨닫는다. 이동에 의미를 두면 여행은 멈추지 않는 진행형으로 빠름과 느림의 리듬을 갖게 된다.

지금까지 여행에서 이동하는 시간이 기억에 남지 않거나 버스 혹은 지하철에서 보내는 시간이 아깝거나 답답하다고 느꼈다면, 조금만 시야를 넓혀 이동도 여행의 중요한 부분으로 생각해보면 어떨까? 교통수단을 여행에 이용해보는 것은 또 하나의 재미가 될 것이다.

파리에 갈 때마다 42번 버스는 나의 애마다. 가르 뒤 노르(북역)에서 시작해 오페라 가르니에, 샹젤리제 거리를 지나 에펠탑까지 하루에 모두 구경한다면 관광객에 치여 피곤할 수 있는 복잡한 명소들을 버스 노선으로 한 시간 만에 구경할 수 있다. 창가 구석진 자리 하나만 내 것으로 만들면 된다. 버스 안에서 파리 시내를 감상하다가 보고 싶어지는 상점이나 카페를 발견하면, 벨을 누르고 그 자리에서 내릴 수도 있다. 이동하는 시간을 활용해 현지 가이드나 시티투어버스 없이 저렴하고 자유롭게 도시를 여행하는 방법을 알게 되자 일정에서 버려지는 시간이 하나도 없었다.

버스는 여행지 풍경을 관찰하기 가장 좋은 이동수단이다. 어두컴컴한 땅 밑을 다니는 지하철과는 달리 도시 속에 파고들어 함께 호흡한다. 도시의 교통체증에 합류하기도 하고, 도로 옆 인도를 지나다니는 행인들의 일상을 창 하나를 사이에 두고 가까이에서 볼 수 있다. 갖가지 스타일의 음식점, 상점, 건물을 관찰하기에도 좋다. 다양한 삶의 모양새 속에서 이런 결론을 내리기도 한다.

'세상 어디나 사람 사는 모습은 비슷하구나!'

지하철은 오차 없이 계획대로 이동하기 가장 좋은 도시의 교통수단이자, 현지 사람들의 일상을 구경하기 좋은 관찰 장소이기도 하다. 도시마다 다른 지하철 티켓 디자인에서부터 플랫폼의 분위기, 이국적인 역 이름뿐만이 아니다. 평범한 사람들의 틈에 끼어 그들의 옷차림, 표정, 행동과 말투를 관찰하며 관광지가 아닌 누군가의 일상을 감상할 수 있다. 일터로 향하는 사람들의 고단함을 함께 느끼며 평소 자신의 출퇴근길 모습을 떠올리기도 한다. 책에 푹 파묻혀 있는 중년의 신사를 보며 책과 멀어질 정도로 여유를 빼앗긴 나 자신을 반성하기도 한다. 대중교통을 이용하는 평범한 시민들의 삶 속에서 여행자는 자신의 모습을 읽어낸다.

도시와 도시를 연결하는 기차는 자연을 감상하기 안성맞춤이다. 현지의 간단한 간식거리와 맥주, 혹은 절반 사이즈의 와인을 자리에 펼쳐놓고 창밖에 펼쳐지는 자연 풍경을 보는 것만큼 황홀한 무성영화 감상은 없을 것이다. 열차 시간을 기다리는 기차역도 신선한 볼거리다. 출발하는 사람들과 도착하는 사람들, 누군가를 기다리는 사람들, 잠시 머물다 떠나는 승객을 위해 늘 같은 자리를 묵묵히 지키는 역사 직원들이 뒤섞인 기차역 풍경은 인생 자체가 늘 변화와 이동의 연속임을 깨닫게 된다.

그동안 이동을 목적지에 도달하기 위한 수단으로만 여기며 그 수

단을 속도로만 평가했다면, 이제 여행의 리듬을 찾아야 할 때다. 놓칠 뻔했던 타지의 소소함을 포착할 기회라고 생각하며 조금 불편하고 느리더라도 그 순간을 즐겨보자. 버스, 지하철, 기차는 우리의 발이 되고, 빠듯한 지갑에 부담을 덜어주며, 여행지 자체에 몰입할 수 있도록 도와줄 든든한 지원군이다.

같은 길도 어떤 마음가짐으로 가느냐에 따라 다른 길이 되기도 한다. 이동하는 시간도 여행의 일부로 즐길 줄 알게 된다면 이제 진정으로 유목을 실천하는 프로 여행자가 된 것이다.

Part 005

일상이
달라지는
생활여행가의
십계명

무작정 떠난다고 삶은
달라지지
않는다

여행은 다른 문화, 다른 사람을 만나고 결국에는 자기 자신
을 만나는 것이다.
_한비야

고등학교 시절 전교 1등이었던 친구 L과 나는 10년
간 꾸준히 20대 시절을 공유했다. 어느 날, 소주를 마시다 L은 울음
을 터뜨렸다. 최고 성적, 명문대 대학원 입학, 남부럽지 않은 스펙, 대
기업 입사. 또래 평균 이상으로 우수한 인생을 살아온 '범생이'였다.
만나면 언제나 내 불평을 들어주고 끄덕이면서 큰언니같이 적절한
답안을 이야기해주던 모범생 친구의 갑작스러운 울음은 잠시 나를
당황케 했지만, 충분히 이해할 수 있었다.

"여기만 아니면 괜찮을 거 같아."

이제껏 잘 다니던 회사를 그만두고 세계여행을 떠나겠단다. 더는 기대에 맞춰 사는 삶이 부담스럽다고, 다음은 좋은 남자와의 결혼 차례인데 아직 자기는 결혼할 준비가 되어 있지 않다고, 사직서를 내고 자신을 조여오는 환경에서 확 사라져버릴까 하는 생각을 하루에도 수차례 한다고 했다. 그동안 좋은 결과를 내야 한다는 강박에 혼자서 속앓이를 했을 L을 보고 있자니 안쓰러웠다. 하지만 계획대로 안정된 삶을 살아온 그녀의 성격을 잘 알고 있기에, 또 다 때려치우고 여행을 간다고 삶이 나아질 거라는 보장은 없기에 나는 친구를 진정시키고 싶었다.

"일단 나가서 좀 걷자."

종로 술집에서 나와 청계천을 따라 걷기 시작했다. 종로를 거쳐 동대문, 그리고 왕십리까지, 자정이 될 때까지 그녀를 끌고 다니며 대화를 이어나갔다.

"상황에서 도망친다고 해결될 건 없잖아. 행복을 위해 인생에서 뭔가 급격한 전환점이 있어야 한다는 법은 없어. 기대를 충족시키며 살아야 한다는 욕심부터 버리는 건 어때?"

"뭔가 변화가 필요하긴 해. 생각을 좀 더 해봐야겠지?"

"버리지 않고 충분히 떠날 수 있어. 영영 방랑자로 살 건 아니잖아? 세계여행 다녀오고 나서도 계속 먹고살아야 하는 건 피할 수 없어. 지금 넌 단지 외면하고 싶을 뿐이야. 먼저 주어진 환경에서 마음의 여유를 가지도록 노력해봐."

그 후 우리는 가끔 만날 때마다 함께 서울을 여행했다. 밥집이나 카페가 아닌 서울의 색다른 곳으로 범생이를 안내했다. 성곽 둘레길, 작은 갤러리들, 삼청공원, 서촌의 세종시장 등 회사 주변에 있을 만한 숨겨진 장소들을 함께 여행했다. 나는 그녀의 서울 여행 메이트가 되어주었다. 답이 없다고 여겼던 빡빡한 현실에서 차츰 틈을 발견하기 시작하자 L의 불안정한 감정 상태가 조금씩 나아졌다. 세상은 절대 변하지 않을 거라던 L은 주어진 환경에서 행복할 줄 아는 내면 여행을 시작했다.

자신의 중심을 되찾고, 말 못하고 내버려두기만 했던 상처를 치유하는 데는 값비싼 비행기 티켓이나 버리고 쿨하게 떠날 대담한 용기까지 필요하지 않았다. 물질적, 정신적 소모 없이도 삶의 전환은 충분히 가능했다. 아무리 좋은 곳으로 떠났을지라도 여행자가 기존에 가지고 있던 마음의 짐과 욕심을 버리지 않는다면 소용없는 짓이다. 여행을 통해 외적으로는 변화가 있을지도 모르지만, 그보다 더 중요한 것은 주변 환경을 바라보는 내면의 변화다.

"사람마다 옳고 그른 것, 좋은 것과 나쁜 것, 정의와 불의에 대한 자신의 선입견을 무너뜨려야 한다. (…) 우리는 자신을 노예로 만들었다. 삶을 바라보는 시선이 편협하고 쩨쩨한 탓이다."

미국 작가 헨리 밀러는 그리스 아테네의 한 절벽 위에서 도시의 불빛을 보며 온 세상이 그의 고향이었음을 깨달았다. 방랑을 통해 자신과 대면했고, 오만함과 거짓된 마음이 사라진 상태에서 그는 저서

《그리스 기행》에서 다음과 같이 결론을 지었다.

"어떤 상황, 어떤 나라, 어떤 조건에서도 당당하고 훌륭한 삶이 가능하다는 것을."

대부분 자기 앞에 놓인 삶의 틀을 불평하며 여행을 결심한다. 잠시라도 더 나은 환경에서 변화를 경험하고 싶어 한다. 밥벌이, 세상의 룰이 나를 노예로 만들었다고 생각하지만 정작 나에게 노예 사슬을 채운 건 바로 내 안의 욕심 많고 소심한 '나'다. 외면하려 하지만 결코 외면할 수 없는 존재인 내면의 모순덩어리 말이다.

일상의 권태와 삶에 대한 부담을 환경 탓으로 돌리던 친구 L은 세상을 바라보던 비뚤어진 안경을 다시 고쳐 쓰기 시작했다. 남선북마(南船北馬)만이 여행이 아님을, 나를 지금 이곳에서 살게끔 하는 힘은 바로 나 자신에게 있음을, 내 마음가짐에 따라 매일매일 새롭게 살 수 있음을 알게 된 것이다. 눈물 섞인 소주를 마신 지 2년이 지나고, 요즘 그녀는 나에게 웃으며 말한다.

"그때 관뒀으면 어쩔 뻔했냐. 이젠 1등 인생에 미련을 버리기 시작했어. 조금 부족해도 별문제 없다, 조금 게을러져도 괜찮다 생각하니 주변이 다르게 보이기 시작하더라. 숨통이 좀 트였달까? 암튼 니 여행 철학 덕분에 예전보다 행복해진 거 같긴 해. 생활여행작가님!"

우리는 마음에 눈가리개를 하고 살아간다. 사는 일이란 원래 고되고 제한이 많다고 여기며, 그런 현실을 부정하면서도 익숙한 채로 내버려둔다. 물리적으로 익숙해지는 순간, 당신의 마음은 익숙한 대상과 멀어진다. 한강 근처에 산다면 더 이상 멋진 강의 야경은 감동을 주지 못한다. 취업 전 늘 꿈꿔왔던 여의도 출근길이 취업 후엔 설렘이 아닌 지옥 길이 된다. '이게 마지막이야'라며 큰마음 먹고 산 명품을 손에 넣은 지 얼마 안 돼서 더 화려하고 값비싼 물건에 관심이 가기 시작한다. 생활 범위에 있는 주변 모든 것들을 소홀하게 생각하고, 내게 없는 것을 원하고, 결핍에 신경 쓰다 보니 마음에 불만족이 자라난다. 수많은 삶의 요소에 둘러싸여 살고 있으나 더불어 살지는 않는다.

이런 상태에서 배낭을 싸들고 멀리 여행을 간다고, 여행을 자주 다닌다고 해서 인생에 만족하게 되거나 원하는 대로 바뀔 수 있을까? 더불어 살아갈 줄 모르는 이에게 국경 밖 세상이 얼마나 새로울까? 우선 내가 숨 쉬고 발 딛고 있는 지금 여기에서 행복할 줄 알아야 어느 환경에서도 감흥이 피어나는 법이다. 해방감, 기쁨, 즐거움, 새로운 발견에 놀라는 감정은 마음의 상태이지 조건의 충족에서 비롯되지 않는다.

현실이 만족스럽지 못한가? 변화를 꿈꾸는가? 더 이상 환경에 모든 탓을 돌리지 말자. 여행이나 인생이나 모든 변화는 지금 이 순간, 능동적으로 행동하는 나로부터 시작된다. 헨리 밀러의 깨달음처럼 어떤 조건에서든 여행자로 살아갈 수 있다. 단, 인식의 대상인 주변 환경보다 그 인식의 주체인 나 자신이 세상의 중심임을 이해하는 조건 안에서 가능한 일이다.

주변과 더불어 사는 일상여행자가 되자. 나 자신을 사랑하는 마음의 '틈'을 가지고 세상을 다르게 느껴보자. 당신이 사는 이곳이 바로 홍콩의 화려함이며, 도쿄의 모던함이며, 몰디브의 따스함이며, 파리의 로맨스다. 처음 가본 곳을 새롭게 발견하기보다 익숙해진 일상의 것들을 재발견해보자. 세상은 내가 정의하기 나름이다. 마음의 눈가리개를 벗은 새로운 나를 통해 새로워진 주변 세상을 만나라.

여행을 일상처럼,
일상을
여행처럼

여행할 목적지가 있다는 것은 좋은 일이다. 그러나 중요한
것은 여행 자체다.
_어슐러 K. 르 귄

"물리적 방법에 의해 자신의 공간을 떠난다고 정말
새로운 공간 속에서 살 수 있는 것은 아니다."

박이문 작가의 글을 읽다가 밑줄을 그을 수밖에 없었다. 떠남의 경
계를 생각해보게 하는 구절이다. 돈을 들여 기차표나 비행기 표를 끊
고 숙소 예약을 해야만 우리는 떠난다고 할 수 있는 걸까? 전혀 새로
운 곳에서 여권에 입국 허가 도장을 찍어야 더 근사한 여행을 하는
걸까? 이 질문에 알랭 드 보통은 다음과 같이 이야기한다.

"우리가 여행으로부터 얻는 즐거움은 여행의 목적지보다는 여행

하는 심리에 더 좌우될 수도 있다"

우리를 떠나게 해주는 것은 장소의 이동이 아니라 마음의 이동이라는 의미다.

여행은 해방이다. 익숙함으로부터, 규칙적인 생활로부터, 잊고 싶은 아픔이나 골칫거리로부터 자유롭고 싶은 욕망에서 출발한다. 해방에 대한 로망으로 우리는 늘 떠남을 꿈꾼다. 더 이국적이고 더 색다른, 내가 처한 현실 세계와 전혀 다른 곳을 찾길 원한다. 여기서 얻지 못하는 값진 깨달음과 즐거움을 기대한다. 하지만 여행을 통해 얻는 것은 이국의 단순한 즐거움 그 이상이다. 여행지의 자연과 사람 사는 모습 속에서 내 삶을 발견한다. 평범함 속에서 특별함을 발견하는 여행자의 눈을 기르게 된다.

수많은 여행을 되풀이하며 깨달은 것은 쌓여가는 여행 노하우와 지식뿐만이 아니었다. 여행 이후에는 나에게 주어진 삶으로 다시 돌아와야 한다는 사실이었다. 하나의 끝맺음은 또 하나의 시작이 기다리고 있음을 알려준다. 삶에서 해방되려고 떠난 여행과 내 삶은 나란히 가고 있음을 알게 되었다. 그때부터 관점의 르네상스가 시작되었다.

흙과 풀, 강을 사랑하는 장세이의 책 《서울 사는 나무》를 읽고 저자의 나무 사랑에 감탄한 적이 있다. 작가는 서울 토박이보다 더 서울 사람처럼 살았지만 늘 마음 한편에 알 수 없는 갈증을 느꼈다고 한다. 결국 어렸을 때부터 교감을 나누던 나무라는 매개체를 통해 서울을 다시 보기 시작했고, 우리에게 익숙한 서울 속 자연을 이야기하는 생태 이야기꾼이 되었다. 북촌길의 벚나무, 삼청공원의 때죽나무, 신문로의 느티나무, 이태원의 양버즘나무, 여의도공원의 피나무, 덕수궁의 쥐엄나무와 등나무까지 《서울 사는 나무》에 나오는 장소는 20대 시절 내가 즐겨 찾던 익숙한 곳이었다. 몇십 년간 마음을 정착하지 못하고 떠돌기만 했던 서울이 나무 덕분에 정이 깊어졌다고 그녀는 이야기한다.

책을 읽고 난 후, 내가 살던 도시를 자연 중심적 관점을 더해 새롭게 보기로 마음먹었다. 삭막하다고만 여겼던 도시에서도 자연은 어김없이 생명을 유지하고, 누군가에게 관심을 받거나 이익을 취하려 하지 않고 계절에 맞게 자신의 역할을 묵묵히 해나가고 있었다. 익숙한 도시 속에서 자연을 읽는 눈을 갖게 되었다. 주변을 바라보는 시야가 한 뼘 넓어졌다. 집 앞 공원의 꽃과 나무들, 시멘트 보도블록 사이를 비집고 햇볕을 쬐려는 강한 생명력의 잡초까지, 자연은 먼 산에만 있지 않았다. 십수 년 동안 매일 걸어 다녔던 동네 길에도 늘 자기 자리를 지키고 있었다.

이때까지 동네의 나무 한 그루, 풀 한 포기의 존재감을 몰랐던 것은 내 무관심 때문이다. 너무 익숙해서 볼 게 없다고 단정 짓고 관심 밖 대상으로 내몰았던 동네에는 아직 볼거리가 넘쳐났으며, 시간과 함께 조금씩 변화해오고 있었다. 그 뒤로 출퇴근하며 오가는 동네 길은 생활 속 여행지가 되어 나에게 소소한 기쁨을 전해주었다.

여행의 해방 정신에 대해 우리는 착각하고 산다. 더 멀리, 더 이국적인 곳으로 떠나야만 현실에서 벗어날 수 있다고 믿는다. 해외여행이라면 무조건 일상의 무료함과 고단함을 치유해주리라 생각한다.

여행을 좋아하는 한 여성 독자에게 메일을 받은 적이 있다.

"전 대학 시절부터 여행을 많이 다닐 정도로 외향적인 성격에다 20대 후반인 지금까지 나름으로 열심히 살아왔어요. 하지만 수많은 여행에서 남은 건 사진과 추억뿐인 것 같아요. 허무하달까요. 매번 일상으로 돌아올 때면 괴롭고, 현실의 고민은 줄지도 않고, 과연 지금 행복하게 사는 건지 잘 모르겠어요. 이젠 큰돈을 쓰며 갔던 여행에 회의감마저 들어요."

그녀에게 필요한 건 알랭 드 보통의 말처럼 이국의 목적지가 아닌 여행의 깨달음이다. 이제 환상을 깨고 여행자는 육체의 자유보다 시선의 자유를 통해 해방감을 맛본다는 사실을 알아야 한다.

관심도 습관이다. 익숙한 것에는 교만해지기 쉽다. 낯선 장소의 새로운 대상에만 신선함을 느끼고 관심을 보인다. 우리가 보는 것이 전부인 줄 착각하고 쉽게 단정 짓는 데서 우리의 시선은 틀에 갇히기 시작한다.

"뻔하지 뭐. 난 그냥 이대로가 편해."

관심의 범위는 습관처럼 한정되어버리고 이것은 무관심을 낳는다. 반복하는 일상은 관찰자의 무관심으로 가치가 바랜다. 자유에 목말라 해방을 꿈꾸는 여행자에게 필요한 것은 국경을 벗어나게 해주는 티켓이 아니라 겸손이다.

이제 여행이라는 주제에 좀 더 현실적으로, 맞춤형으로 접근해야 할 때다. 근사한 여행을 꿈꾸지만 현실에선 장기휴가나 낭만적인 해외여행은 그림의 떡이다. 한정된 시간과 돈 앞에서 여행은 점점 삶에서 멀어져가는 것 같지만, 이런 상황에 실망부터 하지 말자. 시선을 바꾸면 여행은 얼마든지 가능하다. 멀리 떠나고 싶은 생각에 마음만 애태우지 말고, 이미 아는 주변부터 다시 주목해보자. 익숙한 내 삶의 영역부터 여행해보자.

새로운 것에 대한 관심 100이 있다면, 익숙한 것에 대한 새로운 재관심에 40만 나누자. 여행 잡지에서 올해 트렌드라고 말하는 새로운 여행 명소, 지인의 자랑 섞인 여행담에서 관심을 덜어내고 내가 사는 동네, 일터, 습관처럼 즐겨 찾는 편안한 장소에 눈길을 돌려보자. 익숙한 대상을 다른 마음가짐과 눈으로 바라볼 줄 아는 여행자의 겸손함이 있다면 차가 없어도, 돈이 넉넉하지 않아도 나름의 행복을 찾을 수 있다.

서울 생활을 정리한 후 대전으로 이사 온 지 5개월째, 새로운 삶의 터전인 대전에서 요즘 나는 진짜 '생활여행'을 즐기고 산다. 생활 패턴도 일정하고 가는 곳도 뻔하지만 늘 도보 30분 반경의 동네 안에서 매일매일 여행 중이다. 봄에 내려와 여름을 나고 가을을 맞으며 계절의 변화를 2번이나 체험했다. 같은 가로수 길도 하루가 다르게 변화한다. 꽃이 피고지고, 녹음은 더욱 짙어지며, 사방에 울리던 매미

소리가 풀벌레 소리로 바뀌고, 찌는 듯한 더위 바람이 어느새 선선한 가을바람으로 갈아탔다. 그새 새로운 카페가 아파트 맞은편 모퉁이에 들어서고, 매주 가도 지겹지 않은 5,000원짜리 단골 콩나물밥집도 생겼다. 이젠 같은 곳을 가더라도 조용히 천천히 걷는 길과 빨리 갈 수 있는 지름길, 이렇게 두 가지를 만들어놓고 골라서 다니기도 한다.

익숙해져 가는 동네지만 매일매일 새로운 마음으로 여행하듯 산다. 수많은 떠남 끝에 얻은 것은 막연히 동경해온, 자유를 넘어선 여행자 마인드로 삶을 바라볼 줄 아는 태도다. 여행은 삶에서 단절되지 않고 연장선 위에 함께 존재한다. 우리 주변에 즐길 거리는 널렸다. 오늘부터 매일매일 해방될 수 있는 동네여행을 시작해보면 어떨까?

모두의 핫플레이스가 아닌
나만의
월든 만들기

갈 때의 오르막이 올 때는 내리막이다. 모든 오르막과 모든 내리막은 땅 위의 길에서 정확하게 비긴다. 오르막과 내리막이 비기면서, 다 가고 나서 돌아보면 길은 결국 평탄하다.
_김훈 《자전거 여행》 중에서

"점심 뭐 먹지?"

"빨리 맛집 찾아봐."

"여기 포스팅이 제일 많이 뜨는데? 괜찮나 봐. 가보자."

포털 사이트에서 가장 인기 있는 검색어는 아마 '맛집'이 아닐까 싶다. 대한민국 지역 어디든 'ㅇㅇ 맛집'이라는 자동검색어가 뜨며, 대중의 선택이 곧 내 선택이자 내 입맛이 된다. 요즘 잘나간다는 동네, 음식점이라는 소식이 들리면 사람들로 발 디딜 틈이 없다. 몇 시간을 줄 서서라도 남들이 맛있다는 건 나도 먹어봐야 한다. 즐기는 것도 경쟁이다. SNS에는 누가 선도라도 하는 듯 비슷비슷한 음식점 메뉴 사진으로 가득하다. 입소문은 유행을 만들고, 유행은 하나의 문화가 된다. 돈을 벌 때도 쓸 때도 개개인의 삶은 문명이 제공하는 틀에 맞춰진다. 맛집으로 사람들이 모이고, '대세'라고 하는 유행에 관심이 쏠린다. 여기저기서 창조니, 다양성이니, 개인의 자유니 외치는 세상에서 실제 생활방식은 우리도 모르는 사이 획일화되고 있다.

여자 친구들의 만남의 장소는 언제나 다른 여자들의 약속 장소이기도 하다. 트렌디한 옷, 신발, 가방을 하나씩 몸에 두르고 유행이 넘쳐나는 가로수길이나 이태원, 홍대로 모인다. 여기저기에서 스마트폰 셔터 누르는 소리가 대중가요와 섞여 들려온다. 대화는 늘 그렇듯 연애, 쇼핑, 직장, 연예인 가십이다. 불평불만이 습관이 된 의미 없는 대화 속엔 상대와 나의 비교심리가 숨어 있다.

'너보단 내가 더 비싼 가방에, 더 높은 연봉에, 더 멋진 애인에…….'

문화로 포장된 생활 속에서 우리는 주인 자리를 돈과 타인의 시선에 내주고 말았다.

일상의 쉼표인 여가도 결국 사회생활, 소비문화다. 의도한 인맥관리, 유행에 뒤떨어지고 싶지 않은 싸구려 자존심으로 이번 주 저녁 약속도 꽉 차 있다. 결국 힐링을 위한 여가 시간은 또 다른 힐링을 필요로 하게 된다. 독립적인 시간이 절대적으로 부족한 우리는 '문명 중

독자'다.

여행 이야기를 하다가 왜 갑자기 문화 타령이냐고? 여행이 장기적인 여가라는 점은 맞지만, 항상 떠나 있을 수 없는 바쁜 현대인은 그날그날의 여가생활이라는 현실적인 방법으로 떠남을 대체하며 해방감을 맛본다. 떠나는 여행과 떠나지 않는 여가생활의 밑바탕에는 고독과 자유에 대한 인간 본래의 욕망이 깔려 있다는 공통점이 있다. 그러나 문명에 중독되어가는 사람들은 개별적인 생각과 행동을 할 수 있는 자유를 잃어간다. 핫 플레이스에 모두가 열광하고, TV 속 '완판녀' 스타가 입고 나온 원피스와 가방은 없어서 못 팔 지경이다. 퇴근할 때가 다가오면 모두 맛집을 검색하기 바쁜 데다, 오늘도 어김없이 밥이나 먹자는 연락이 온다.

"요즘 인기 많은 곳이래. 조만간 여기서 한잔할까? 답답한데 만나서 수다나 떨자."

지인을 만나 좋은 곳에서 밥을 먹고 술을 마셔도 유행 따라 남들다 하는 것을 해봐도 알 수 없는 허전함이 채워지지 않는 것은 왜일까? 정신적인 굶주림을 물질적인 요소로 채우려 하기 때문은 아닌가? 뜨는 동네와 잘나가는 음식점이 쉴 새 없이 바뀌는 변덕스러운 패스트 문명사회에서 마음의 허기는 쉽게 채워지기 힘들다.

최근 헨리 데이비드 소로의 《월든》 읽기가 나시 떠오르고 있다. 소로는 하버드대학교를 졸업하고 월든 호숫가에서 통나무집을 짓고

밭을 일구며 자급자족 생활을 2년 동안 실험했다. 서른도 되지 않은 이 미국 청년은 이 체험을 통해 세상을 향해 '나답게 사는 인생'에 대한 깨달음을 책으로 담았다.

"아침 바람은 끊임없이 불고, 시상은 막힘없이 떠오르지만 그것을 듣는 이는 드물다. 속세를 조금만 벗어나면 도처에 올림포스가 있다."

자기 자신을 제외한 세상의 다른 것에만 관심을 쏟느라 스스로에게 소홀한 사람들에게 자유, 소박하고 단순한 삶 속의 진리가 얼마나 중요한지 이야기한다. 150여 년이 지난 지금 우리에게 월든 같은 공간이 더욱 절실해지고 있다. 보이지 않는 마음의 갈증을 채우기 위해서는 생활 속 낯선 공간이 필요하다. 대자본에 의해 만들어지는 문명에서 조금 떨어져 남과 다른 시간을 보낼 수 있는 정신적인 여행지 말이다.

내 삶의 정신적 여행지는 바로 동네서점이다. 워낙 책을 좋아하기도 하지만, 서점은 거기서 무얼 하며 시간을 보내야 한다는 고민이 필요 없어서 마냥 편하다. 수많은 책들의 제목만 훑어도 자연스럽게 공간에 몰입된다. 교통이 좋은 중심지에 위치해 가기 쉬운 대형서점 대신 접근성이 떨어져서 마음먹고 찾아가야 하는 동네서점을 택한 이유는 베스트셀러와 책 광고가 없는 담백한 분위기 때문이다. 개인이 운영하는 서점들을 조금씩 알아가면서 내 발길은 수고스럽지만 독자의 취향이 보호받는 쪽으로 향하기 시작했다.

작은 규모의 서점엔 책 냄새가 난다. 쇼핑몰처럼 화려한 조명으로 눈을 피로하게 하는 대형서점과 달리 조금 어둡지만 집같이 따뜻한 느낌의 조명이 눈뿐만 아니라 마음마저 편안하게 해준다. 대형서점만큼 사람의 발길이 잦지 않기 때문에 모든 방문객은 그 존재만으로 반가운 손님이다. 책이 가득 꽂혀 있는 진열대와 책장 사이에 기대어 책을 만져본다. 눈길이 가는 대로 자유롭게 책을 고르고 들춰보면서 서점에 오기 전 복잡했던 생각이 자연스럽게 정리된다. 마음이 답답한 일이 있거나 생각이 많아지면 들렸던 동네서점은 어느새 나만의 '월든'이 되었다.

일상에서 나와 내 삶을 정리할 수 있는 진짜 안식처는 어떻게 만들 수 있을까?

먼저 책상 위에 놓인 달력을 체크해보자. 앞으로 약속은 얼마나 있는지, 그 만남들이 과연 필요한 것인지 점검해보자. 약속 횟수를 줄여보는 것이다. 남는 시간에 누군가를 찾기보다 우선 나부터 돌봐야 한다. 또한 유행을 무분별하게 받아들이지 말고 조금 떨어져서 바라볼 줄 알아야 한다. 대중의 취향과 내 취향을 구분 짓자. 사람들이 몰리는 맛집과 뜨는 동네를 쫓아다니기보다 조금 촌스럽거나 낡고 불편할지라도 마음이 가는 편안한 나만의 장소를 찾아보자. 도시 문명의 획일적인 재미에서 벗어나 삶의 다양성을 추구하라.

"누구에게도 들어본 적 없는 교회를 발견하는 것이, 로마에서 수많은 관광객들이 떠들어대는 소리를 참으며 시스티나 성당을 관람

해야 한다는 강박에 시달리는 것보다 훨씬 중요하다"는 헨리 밀러의 위트 넘치는 말에 주목하자. 여행 좀 해봤다는 사람들은 관광명소라면 질색한다. 다른 사람들의 발길이 닿지 않는 새로운 곳을 찾아 나만의 길을 직접 만들어나가며 흥분한다. 열린 마음으로 다양한 가능성을 받아들이는 여행 베테랑이 독립된 삶을 사는 방식이다.

시내에 갔다가 사람들로 북적이는 '대박집'을 발견했다. 30분은 족히 기다려야 하는 긴 줄에, 바쁜 실내에선 음식이 입으로 들어가는지 코로 들어가는지 모를 정도로 정신없이 먹는 사람들이 보였다. 점심시간인 데다 배도 고팠지만 그곳을 지나쳤다. 내가 간 곳은 동네의 작은 주먹밥 가게. 맛집은 아니지만 손맛 좋은 동네 아주머니가 운영하는 음식점에서 점심시간 동안 주먹밥을 천천히 음미하는 틈새 여유를 누릴 수 있었다.

나만의 월든은 특별한 곳에 있지 않다. 내가 여가의 주인이 될 수 있는 곳 어디에든 있다.

스마트폰이 아니라
책과
펜을 터치하라

이제 꾸뻬는 여러 나라를 여행할 것이고, 세상 모든 곳에서 무엇이 사람들을 행복하게 하고 무엇이 불행하게 하는가를 발견하고자 할 것이다. 만일 행복의 비밀이 있다면 반드시 그것을 찾아내고야 말겠다고 꾸뻬는 스스로에게 다짐했다.
_프랑수아 를로르《꾸뻬 씨의 행복 여행》중에서

베스트셀러 소설을 영화로 제작한 〈꾸뻬 씨의 행복 여행〉은 정신과 의사 헥터가 진짜 행복을 찾기 위해 세계여행에 도전하는 이야기다. 유쾌한 여행 에피소드 속에서 가장 인상 깊었던 것은 헥터의 광적일 정도로 기록하는 습관이었다. 애인에게 선물 받은 작은 수첩에 시도 때도 없이 여행의 모든 것을 메모한다.

"남과 비교하면 행복한 기분을 망친다, 행복은 온전히 살아 있음을 느끼는 것, 사랑은 귀 기울여주는 것."

머릿속에 떠오르는 생각은 기록함으로써 불멸의 행복 메시지로 남는다. 체험을 기록하며 헥터는 서서히 행복에 대한 자기만의 답을 구체화해간다. "인간은 누구나 행복할 의무가 있다"는 행복 메시지를 마지막으로 모국에서 자신을 기다리고 있을 일상과 애인에게로 돌아간다. 만일 헥터가 여행 중 메모를 하지 않았더라면 어떻게 되었을까? 매 순간마다 머릿속을 스쳐 가는 생각을 붙잡아두지 않았더라면, 정신과 상담용 행복을 넘어 진짜 행복의 답을 구할 수 있었을까? 영화 속 여행자 헥터의 수첩은 영원히 남을 여행의 증거물이자 살아 있는 깨달음이다.

몇 개월 전, 독서를 주제로 강연을 하러 갔을 때였다. 강연을 시작하기 전에 청중에게 말했다.

"저랑 같이하는 100분 동안 좀 더 생산적이고 의미 있는 시간을 보내시려면 스마트폰은 잠시 넣어두고 종이와 펜을 꺼내시겠어요?"

그때 나를 당황하게 했던 것은 참석한 사람들 가운데 펜을 가지고 있는 사람이 절반도 안 됐다는 사실이다. 옆자리의 지인에게 펜을 빌리거나, 아예 펜은 가지고 다니지 않는다고 말하는 사람도 있었다. 독서에 대한 이야기가 오갔던 그날, 한 청중은 어렵다는 표정으로 내게 말했다.

"책을 읽어야 하는 건 아는데…… 이 기계 끊기가 참 힘드네요. 스마트폰이 편한 건 어쩔 수 없으니까요. 작가님 말씀에 공감은 하는데 현실적으로 제가 실천할 수 있으려나 싶어요."

텍스트보다 이미지가 인기 있는 시대에 우리는 '종이 위 글자'를 무시하며 살아간다. 종이책 대신 태블릿 PC에 전자책을 담아 몸을 가볍게 하는 것을 선호하고, 자극적인 인터넷 기사와 포스팅에 열광하며, 고전보다 최신을 찾는다. 보이지 않는 인터넷에 수천 년 동안 우리에게 진짜 세상을 보여준 '종이'가 밀리고 있다. 다수가 '보는' 세상은 소수의 '읽고 쓰는' 작업으로부터 탄생했다는 사실을 잊은 듯하다. 그만큼 볼 줄은 알아도 읽을 줄은 모르는 수동적인 사람이 되어가고 있다. 가방 속에 펜과 종이는 챙기지 않아도 스마트폰은 두 손에서 놓을 줄 모른다. 심지어 현대인이 가장 불안해하는 것이 휴대전화 배터리 방전이라는 농담까지 있을 정도니까 말이다.

보는 세상, 인터넷은 편집된 공간이다. 뇌과학자 김대식 교수는 "재미있는 것만 의미 있어지는 세상"이라고 했다. 막장 드라마에 나올 법한 기막힌 뉴스, 연예인의 열애기사, IT 신제품 소식, 유행에 맞춰 쏟아지는 쇼핑몰 신상품들……. 오늘날 세상은 사람들의 관심거리로만 가득 찬 포털 사이트, 딱 거기까지다. 보이지 않는 손의 이익을 위해 철저히 편집해놓은 흥미 위주의 세상에서 인터넷 유저들은 '의미 부여의 권리'를 점점 상실하고 있다. 혹시 이 책을 읽고 있는 지금도 휴대전화 메시지를 끊임없이 확인하고 있지는 않은가?

여행은 나에게 종이와 노는 기쁨을 알려주었다. 기계 속 보이지 않는 대상이 아니라 내 손인에서 만져지는 책과 메모지 말이나. 낯선 곳에서 커피 한잔을 할 기회가 생기면 평소 읽고 싶었지만 여유가 나지 않아 미뤄두기만 했던 책을 펼치곤 했다. 여행지에서의 독서는 또 다른 세계로 가는 제3의 여정 같았다. 여행 속의 또 다른 여행, 완전한 해방이었다. 그러다 문득 생각이 떠오르거나 우연히 멋진 문구를 발견하거나 여행의 추억들을 간직하고 싶을 때 주머니 속 메모장을 꺼내 뭐라도 끄적였다. 빅토르 위고는 "독서가 여행이고, 여행이 독서다"라고 했으며, 미셸 옹프레는 "일시적이고 불안정한 시간의 흐름 속에서 의미를 찾아내고 여행의 정수를 뽑아내서 기록해야 한다"고 했다. 읽기와 쓰기는 여행의 일부로서 나만의 완전한 세계를 창조하는 밑그림이 된다.

책과 필기구는 나에게 의미 있는 것들로 종이 위를 편집할 수 있는 도구다. 반면 휴대전화는 일상에서 해방되고 싶은 여행자에게 여전히 세속적인 재미에서 벗어나지 못하게 얽매는 족쇄다. 여행 횟수가 늘어갈수록 기계보다 종이를 통해 의미를 재미로 만드는 습관이 생겼다. 수동적인 일상에 대한 여행자의 '얌전한 반항'이라고 할까? 종이 위에 쓰고 읽는 작업은 세상을 바라보는 시각마저 참여적으로 만들어놓았다.

이젠 여행을 가지 못하는 현실에서 나만의 시간을 갖고 싶을 때, 휴대전화의 비행기 모드를 누른다. 어플 알람, 문자, 메일, 전화, 버릇처럼 들여다보는 인터넷과 잠시나마 멀어지기 위해서다. 스마트폰과 멀어지기만 해도 우리는 하고 싶은 일의 몰입도를 높일 수 있다. 그리고 언제 어디서든 상관없이 종이가 선사해주는 세계로 여행한다.

종이책 위에 적혀 있는 텍스트를 읽으며 생각의 범위를 넓히고, 가슴에 와 닿는 문구나 문득문득 떠오르는 생각과 감정을 메모장에 적어본다. 이제 나는 립스틱과 파우더는 빠뜨려도 책과 필기구는 절대 잊지 않는다. 그래서 작고 예쁜 핸드백은 어느새 나에게 무용지물이 되어버리고 말았다.

여행에서 시작된 나의 종이 사랑은 다음과 같은 일상 속 아날로그 여행이 되었다.

⊘ 먼저 책으로 시작하라.
장르 불문하고 읽고 싶은 책을 읽지 않더라도 지니고 다닌다. 가방의 무게라도 익숙해져 보라. 처음부터 끝까지 완벽하게 읽지 않아도 좋다. 읽고 싶은 구절만 읽는 건 독자의 자유다.

⊘ 종이와 친해지려면 기계와 멀어져야 한다.
퇴근 후 카페에서든 주말에 비는 시간이든, 일단 독서하기로 마음먹었다면 휴대전화는 잠시 가방에 넣어두자.

⊘ 메모의 정석은 없다. 일단 내가 읽고 있는 책에 메모해 보라.
좋은 구절에 밑줄을 쳐보기도 하고, 맘에 드는 표현이나 단어는 옆에 써보기도 한다. 사실 가장 좋은 메모지는 책 맨 앞장에 있는 두툼한 색지다.

⊘ 메모에 때와 장소란 없다.
까먹기 전에 일단 적어보는 노력을 들이자.

⊘ 책이나 신문에 있는 마음에 드는 구절에서 시작해 꾸준
히 메모하다 보면, 저절로 생각을 적고 있는 나를 발견
하게 될 것이다.
메모는 곧 내 삶의 데이터베이스다.

⊘ 내가 적은 메모를 생각날 때 읽어보자.
과거의 내 생각, 느낌을 되짚으며 머릿속에 뒤엉켜 있던 생각 덩어리들
이 명확하고 단단해질 것이다.

어느새 나도 모르게 손에 스마트폰이 쥐어져 있다. 이 인정머리 없
는 기계를 만지작거리며 의미 없는 인터넷 서핑을 하고 있다. 습관적
으로 스마트폰을 사용하고 있음을 인식하는 순간, 나는 더 이상 '고
개수그리족'이 아님을 스스로에게 다시 한 번 선언하라. 어떤 습관이
든 가장 중요한 것은 꾸준함이다. 가방 속에 책과 펜을 넣는 것부터
당장 보이지 않지만 미래의 언젠가는 보이게 될 변화가 시작된다.

종이 위의 지식을 접하고 펜을 쥐고 메모를 하는 일은 디지털 환
경의 편리함을 거스르는 노력을 요구한다. 사실 번거롭고 불편하다.
하지만 텍스트와 종이의 질감을 동시에 느껴보고, 손 글씨로 '내 것'
을 기록하여 내 것에 의미를 부여하는 작업을 통해 삶에 적극적으로
참여할 수 있다. 읽기와 쓰기는 머리와 마음으로 떠나는 여행이다.

자투리 시간으로
즐기는
틈새 여행

빈틈없이 계획이 섰니? 그럼 가지 마. 여행은 틈을 만나러
가는 거야.
_정철

학생 시절 살았던 프랑스 소도시 투르를 7년 만에
다시 찾았다. 가물가물해진 기억을 되짚어 좋아했던 골목, 상점, 루아
르 강 산책로를 다시 가보며 21살의 나로 돌아가는 시간이었다. 추
억에 취해 정신 놓고 돌아다니다 보니 어느새 2시가 다 되어가고 있
었다. 출출해진 배를 채우러 즐겨 찾던 크레프 레스토랑에서 점심을
먹기로 했다.

"봉주르!"

중년의 마담은 뭔가 미안하다는 표정으로 우리를 맞았다.

"미안하지만 30분 뒤에 가게를 닫아야 해요. 브레이크 타임이라서."

"아, 빨리 만들어주시면 금방 먹고 갈게요. 15분이면 충분하니까요."

그리고 10분 뒤, 치즈와 달걀을 듬뿍 얹은 크레프 접시가 나왔고, 부리나케 한 접시를 해치웠다. 정확히 25분 만에 점심을 끝낸 것이다. 계산을 끝내자마자 가게 주인은 휘파람을 불며 'Fermée(휴업 혹은 닫음)'라는 표지를 문에 걸었다. 그리고 30분 뒤, 근처 카페 테라스에서 커피를 마시며 친구와 대화를 나누고 있는 그녀를 만났다. 햇살을 받으며 담배 연기를 뿜고 있는 그녀의 얼굴엔 편안한 미소가 흘러넘쳤다.

잠시라도 일에서 벗어나 개인 시간을 누리는 프랑스 사람들을 보며 내 근무지였던 광화문의 점심시간 풍경이 떠올랐다. 사무실 밖을 나서면 밥 먹는 것도, 커피 한잔 마시는 것도 경쟁이다. 밥이 코로 들어가는지, 마시고 있는 게 커피인지 보리차인지 모를 정도로 한 시간이 정신없이 흘러간다. 그나마 밖에서 점심식사가 가능하면 감사해야 한다. 점심마저 책상 앞에서 포장 음식으로 때우고, 단 10분이라도 쪽잠을 자고 싶어 하는 사람도 수두룩하니까. 출근부터 퇴근 전까지 우리에게 쉼은 사치다.

반면 프랑스는 쉬는 문화가 존중받는 사회다. 손님이 모이는 시간이 지나고 오후가 되면 레스토랑이나 작은 미술관, 상점은 문을 닫고 각자의 '쉴 권리'를 누린다. 평범한 노동자에게도 여행자와 같은 휴식의 권리가 있다. 잠깐의 휴식을 통해 일 때문에 잊고 있던 나만의 시간을 되찾는다. 바캉스가 국가 행사만큼 중요한 프랑스에서 도심에 인공해변인 '파리 플라주(Paris Plage)'를 매년 여름 시행하는 것도 그 이유에서다. 돈이나 시간문제로 휴가를 가지 못한 시민들의 쉴 권리를 위한 파리 시의 배려다. 지구 반대편 대한민국에 살고 있는 우리가 프랑스에서 유난히 여유로운 분위기를 느끼는 것도 여행자 못지않은 휴식을 일상에서 자연스럽게 즐기는 그들의 모습 때문이 아닐까?

선진국 못지않게 높은 경제 신용등급과 대조되는 '자살률 1위', '삶의 만족도 최하위'라는 대한민국의 타이틀은 물질적인 풍요가 곧 삶의 질이나 행복과 비례하지 않음을 알려준다. 이익을 최우선으로 하는 자본주의 생활방식에 익숙한 우리는 항상 효율적이고 유용한 것만을 원한다. 목적 달성 위주의 삶은 가야 하는 길 이외의 것에는 눈길을 줄 여유를 빼앗아버린다. 평소 출근길은 어떤가 생각해보자. 이어폰을 귀에 꽂고 스마트폰만 쳐다볼 뿐 지하철 풍경은 어떤지, 사무실까지 가로수 길은 어떤지, 하늘은 얼마나 맑은지 주변을 돌아본 적이 있는지 말이다. 마음먹으면 더욱 즐겁게 살 수 있는 다채로운 세상에서 놓치고 있는 것들이 얼마나 많은지 이제 깨달아야 한다.

"눈은 반드시 여행을 다녀야 한다."

패션 매거진 〈하퍼스 바자〉의 편집장이었던 다이애나 브릴랜드의 말이다. 두 눈으로 매일 같은 것만 본다면 어떨까? 제아무리 세계적인 여행가 빌 브라이슨이라고 해도 지겹다고 투덜거릴 것이다. 브릴랜드가 말하는 '눈'은 우리의 시선을 뜻한다. 반복되는 생활 속에서 조금씩 변화를 주는 노력이 일상을 여행처럼 살 수 있는 방법의 핵심이다. 가던 길을 벗어나라. 새로운 대상에 눈길을 주라.

생활 속에서 변화를 주기 가장 쉬운 시간은 몰입의 정도가 약한 '사이 시간', 즉 출근 시간과 점심시간이다. 두 사이 시간은 애써 시간을 낼 필요도 없다. 언제나 알아서 찾아오는 시간이다. 또한 업무에서 벗어날 수 있는 시간이기도 하다. 규칙적으로 주어진 자투리 시간을 비규칙적이고 다양하게 보낸다면 매일 다른 삶을 살 수 있다.

출근 시간

평소 출근 스케줄보다 딱 한 시간만 부지런해지면 된다. 한 시간의 잠 대신 오늘부터의 변화를 택하자. 귀하게 확보한 아침 자유시간에 좋아하는 것들을 조금씩 해보는 것이다. 한 시간 일찍 일어나 집 앞 30분 조깅으로 하루를 시작하는 건 어떨까? 여행지에서 즐겼던 카페에서의 모닝커피가 그립다면 집에서 일찍 나와 사무실 근처 카페에서 아침 식사를 해보는 것도 좋다. 출근길을 두 가지 경로로 만들어 기분에 따라 바꿔서 걷는 것도 지겨운 출근 시간을 재미있게 보내는 방법이다. 화창한 날씨를 그냥 보내기 아쉽다면 버스나 지하철 한 정거장 전에서 내려 천천히 출근해보자. 산책이 따로 필요 없다. 허둥지둥 출근 준비하느라 정신없고 게을렀던 나를 버리고, 여행 같은 아침을 맞는 부지런한 일상 여행자가 되어보자.

점심시간

지금까지 인맥관리를 위한 약속에 끌려다니거나, 대충 끼니를 때우고 밀린 잠을 해결하거나, 점심시간과 업무시간의 구분 없이 일 처리를 하느라 바빴다면 이제는 조금 이기적으로 행동해보자. 사무실 주변을 잘 둘러보면 즐길 거리는 충분하다. 일주일에 적어도 2번 정도는 혼자만의 시간을 만들어 무언가 해보자.

커피를 좋아한다면 사무실 근처의 카페를 탐방하며 내 입맛에 맞는 커피를 찾아보기도 하고, 좋아하는 카페를 발견했다면 점심시간은 그곳에서 잠시 책을 읽는 것도 괜찮다. 사무실 주변으로 나만의 '올레길'을 만드는 재미도 쏠쏠하다. 불편한 하이힐에서 운동화로 갈아 신고, 숨은 골목을 여행해보자. 비가 오는 날은 근처 박물관이나 갤러리에 가서 예술작품으로 안구 정화를 하는 것도 기분전환에 좋다. 아침부터 퇴근 시간까지 꽉 막힌 사무실에서 컴퓨터 자판을 두드리는 직장인에게 점심시간의 일탈은 오후 시간에 활력을 불어넣어 줄 것이다. 평범해 보이는 일상 속에서 나만의 비밀스러운 삶을 만드는 짜릿함, 그것이 바로 사이 시간을 활용한 틈새 여행의 묘미다.

　자투리 시간으로 여행하는 방법에서 우리가 알아둬야 하는 진실이 있다. 여유란 주어지는 것이 아니라 만들어내는 것이라는 점이다. 모두에겐 쉴 권리가 있지만 그 권리를 발견하고 내 것으로 만들어내려고 노력하는 자만이 하루하루의 삶을 즐길 수 있다. 일상에서 여유를 즐기고 쉼을 조절하면 그만큼 내 주변의 잡다한 것들도 사랑하는 마음을 가지게 된다.

　휴양지 비행기 티켓? 특급호텔 숙박? 더는 멀리서 쉼을 찾지 말자. 여행자의 여유를 이제 일상으로 가져와 잃어버린 쉴 권리를 되찾을 차례다. 주변을 찬찬히 들여다볼 줄 아는 여행자의 시선과 변화를 향한 적극적인 실행력이면 된다. 인생을 180도 바꾸지 않고도 삶을 변화시키는 당장 실행 가능한 방법은 일상 속 자투리 여행이다. 가던 길을 벗어나 일상을 탐험해보자. 사이 시간을 활용해 마음의 템포를 조절하는 것은 내 삶을 긍정하는 과정이다.

하루 한 끼는
맛있는
시간으로

그곳에서 우리는 우리의 진정한 소명이 영원히 세계 곳곳을
방랑하는 것임을 깨달았다. 항상 호기심을 갖고, 눈에 띄는
모든 것을 들여다보고, 세상의 구석구석을 돌아다니며.
_체 게바라 《체 게바라의 모터사이클 다이어리》 중에서

"만약 내일 세상이 끝난다면 당신은 뭘 하겠어요?"
영화 〈카모메 식당〉의 여주인공 사치에가 미도리에게 묻는다.
"글쎄…… 제일 먼저 아주 맛있는 음식을 먹고 싶어요."
"저 역시 마지막 식사로 엄청나게 맛있는 걸 먹고 싶어요."
죽기 전에 마지막으로 하고 싶은 일이 맛있는 음식 먹기라니, 사
실 영화 밖 현실의 우리도 마찬가지일 것이다. 좋아하는 음식을 먹
는 시간만큼 자연스럽게 행복에 도취된 적은 없으니까. 먹는 게 남는
거라고, 여행 후 오랫동안 기억의 대부분은 맛있게 먹었던 음식이다.

제주도의 맑은 성게 미역국 한 그릇, 부산 바다 내음과 함께 먹은 회, 교토에서 맛본 수십 년 전통의 우동과 생맥주, 홍콩 길거리의 따끈한 에그 타르트, 스페인의 샹그리아와 타파스까지. 음식만큼 일상적이면서도 동시에 특별한 것이 있을까?

"화려하게 담지 않아도 좋아. 소박해도 좋으니 제대로 된 한 끼를 먹을 만한 식당을 만들고 싶어."

영화 속 사치에는 헬싱키라는 낯선 땅에서 단출한 일본 가정식을 주메뉴로 식당을 운영한다. 오니기리(일본식 주먹밥)와 된장국, 디저트는 시나몬 롤이 전부고 커피는 한 잔 한 잔 손수 정성스레 내려서 대접한다. 사소한 것에 만족하고, 주변 사람에게 정성스럽게 요리를 대접하며 기쁨을 나누는 그녀는 늘 자기 상황에 만족하며 산다. 행복한 사치에의 주변엔 점점 국적을 불문한 많은 사람이 모이게 되고, 텅 비었던 식당은 어느새 손님으로 가득 찬다. 소박한 음식이지만 그녀의 공간에서 먹는 사람들은 행복하다. 음식의 맛만큼 중요한 것이 바로 먹는 사람의 기분이다. 제아무리 비싼 음식이라도 회식이거나 고객을 접대하는 상황이라면 집에서 두 발 뻗고 물에 밥 말아 김치를 얹어 먹는 것보다 못한 것과 마찬가지다.

하루에 규칙적으로 3번씩이나 치르는 의식, 식사와 더불어 중간중간 입에 넣는 커피와 간식까지 생각하면 우리에게 먹는다는 행위는 숨 쉬는 것만큼 중요하지 않을 수 없다. 365일 다이어트 중인 여자들에게 맛있는 음식은 죄악과 같지만 포기할 수 없는 유혹이다. 그만큼 음식은 삶에서 빼놓을 수 없는 테마다.

　여행에서 음식은 나에게 큰 낙이자 때때로 여행의 주된 목표이기도 했다. 다이어트 콜라와 샐러드에 집착할 정도로 몸매에 민감했던 20대 시절, 여행지의 음식만큼은 절대 포기할 수 없었다. 먹고 싶은 음식으로 하루 일정을 꽉 채운 적도 있고, 돈 없는 유학생 시절에도 디저트만큼은 양보하지 않았으며, 나머지 일정에서 쫄쫄 굶더라도 미슐랭 가이드에 나오는 고급 스시집에 20만 원 가까이 되는 돈을 한 끼 식사로 쓴 적도 있다.

　다양한 환경이 만들어낸 이색적인 음식을 접하며 먹는 즐거움이 사람의 마음을 얼마나 치유할 수 있는지 깨달았다. 추운 겨울 오후, 따뜻한 뱅쇼(데운 와인) 한 잔은 찬바람을 쐬며 돌아다니느라 피곤해진 몸에 그 어느 메뉴보다 활력을 불어넣어 준 강장제였다. 남편과의 북촌 데이트에서 먹은 경양식 함박스테이크는 최상급 스테이크보다 훌륭했던 기억으로 남아 있다. 음식은 일회적인 맛 이상으로 모두의 문화이자 나만의 추억이다.

　"당신이 먹는 그것이 바로 당신이다(You are what you eat)"라는 영어 속담을 이렇게 바꾸고 싶다.

　"당신이 먹는 방식이 바로 당신의 생활철학이다."

　음식의 가치는 무엇을 먹느냐를 넘어 어떻게 먹느냐로 결정된다.

〈카모메 식당〉에서 사치에의 오니기리는 김, 밥, 속 재료가 전부지만 그녀의 진심과 행복에너지가 함께 버무려져 먹는 사람이 잊지 못하고 다시 찾게 만드는 힘이 있다. 이처럼 배의 허기가 아닌 마음의 허기를 채워주는 '솔 푸드(Soul food)'는 일상에 잔잔한 감동을 선사한다. 이제 하루 3번의 식사 중 적어도 한 끼는 배 채우기가 아니라 그 시간을 음미해보자. 여행에서 먹는 음식처럼 생활 속 먹거리도 더 다양하게, 더 의미 있게 말이다.

"오렌지를 여섯 조각을 낸다. 퍼져 나오는 향기를 맡는다. 한 조각 한 조각 오렌지의 향기와 맛과 질감을 느끼며 천천히 먹는다. 당신의 입과 심장을 즐거움으로 채운다."

《음식여행 끝에서 자유를 얻다》의 저자 데이나 메이시가 음식을 즐기는 순간을 묘사한 글이다. 메이시는 과거의 상처에서 비롯된 심리적 공허함을 음식으로 푸는 대식가였다. 40대에 그녀는 자신이 집착했던 음식들을 테마로 여행을 다니며 '먹다'라는 행위의 보이지 않는 가치, 즉 건강한 만족을 이해하게 되었다. 냉동 피자를 먹어치우던 10대 소녀에서 오렌지 하나를 완전히 음미할 줄 아는 성숙한 미식가가 된 것이다. 자신을 사랑하는 방법으로 음식을 즐기게 된 그녀는 스트레스성 폭식, 외모를 위한 거식, 배 채우기 식의 의미 없는 잡식을 하는 사람들에게 다음과 같은 말을 남겼다.

"이 삶은 리허설이 아니며, 낭비해도 되는 시간이란 존재하지 않는다. 그리고 만약 그 일들 가운데 어느 대목이라도 되새겨야 할 필요가 아직도 남아 있다면 (…) 그건 내가 여전히 삶을 살아내는 과정 중에 있기 때문일 것이다."

'잘 먹는다'는 입맛이 좋거나 많이 먹는 것이 아니라 음식을 입에 넣고 맛보는 과정이 주는 기쁨을 아는 상태다. 매 순간은 낭비가 허용되지 않을 만큼 중요하기 때문이다. 더군다나 먹는 순간은 우리의 육체적 건강과 정신적 행복 모두와 직결된 고결한 시간이라는 사실을 잊지 말아야 한다. 하루 한 끼 식사는 미슐랭 심사위원 못지않은 미식가처럼!

아침이건, 점심이건, 저녁이건 또는 오후 간식 시간이건 상관없다. 단 10분이라도 오롯이 음식과 호흡할 수 있는 시간을 확보하자. 한 끼만큼은 음식을 둘러싼 모든 것을 음미해보자. 먼저 그릇에 담긴 음식을 눈으로 감상할 줄 아는 여유부터 가져본다. 그다음 코를 통해 들어오는 음식 냄새로 보이지 않는 맛을 본다. 그 후 입안의 맛을 보는 것까지 세 단계를 거치면 음식의 진정한 풍미를 알 수 있다.

음식점이라면 분위기를 찬찬히 살피며 그곳의 '문화'까지 맛볼 수 있다. 함께 식사하는 파트너가 있다면 음식에 대한 생각을 주고받는 재미도 쏠쏠할 것이다. 같은 김치찌개를 먹어도 나에겐 얼큰한 찌개가 인상에 남았다면, 상대방에겐 함께 곁들인 통통한 계란말이와 윤기 흐르는 진밥이 더 좋았을 수도 있다. 또한 좋아하는 메뉴만 고집

하지 말자. 다른 사람에게 별로라고 들었던 음식이 나에겐 맛있을 수도 있고, 익숙했던 메뉴보다 새로운 메뉴에 도전할 때가 더욱 흥미로운 법이다. '안 먹어보고 후회하느니 일단 먹어보자'라는 생각으로 가지각색의 음식을 즐기다 보면, 낯선 대상을 흔쾌히 긍정할 줄 아는 생활 속 여행자가 될 것이다.

한 끼 식사를 통해 느끼는 다양한 맛이 인생의 맛과 닮지 않았을까? 모든 감각으로 음식을 맛보고, 그 즐거움을 누군가와 공유하며 주변 분위기마저 감상할 수 있다면, 지금 이 순간을 충실하게 사는 법을 터득한 셈이다. 요리 프로그램과 집밥 열풍이 불어도, 배가 찰 때까지 먹어도, 맛집을 쫓아다니며 끝없이 먹어도 채워지지 않는 공허감은 음식이 단지 배만 채웠을 뿐 마음을 채우지 못했기 때문이다. 나와 내 삶을 사랑하는 만큼 하루 한 끼 식사시간이 영혼을 달래주는 '먹테크'를 하자.

순간에
최선을 다해
과정을 캐치하라

> 여러 여행 중에서 나는 자신 속으로의 여행이 가장 좋은 여
> 행이 되길 원했다.
> _셜리 맥레인

"여행하기에 무슨 계절을 제일 좋아하세요?"

체질이나 취향, 살아온 경험에 따라 사계절 중에 각자 선호하는 계절이 있을 것이다. 반면 여행 마니아랍시고 여기는 여름에 어떻다, 저기는 가을이 좋다고 신나게 이야기하던 나는 질문의 의도에 어긋난 대답을 한다.

"특별히 좋아하는 계절이 없어요. 사계절 다 좋아해요."

때를 가리지 않고 여행을 즐기며 생긴 우유부단하지만 나름 낭만적인 취향이다. 봄에는 추위를 보내고 새 생명과 만나는 아기자기한

설렘이 좋고, 여름은 눈을 시원하게 해주는 푸른 자연 속에서 가벼워진 옷차림을 즐길 수 있는 자유분방함에 신이 나고, 가을은 따뜻한 색으로 물든 나무와 깊어진 하늘을 보며 사색과 고독을 즐기는 낭만이 아름답고, 겨울은 따뜻한 음식과 다정한 연말연시를 더욱 값지게 느끼게 해주는 쌀쌀한 날씨가 고맙다. 여행자 같은 사고방식과 호기심이 생활습관으로 자리 잡아가며 같은 곳이라도 계절이 바뀔 때마다 새로운 매력을 발견하는 기쁨을 알게 되었다. 각 계절의 모습 그 자체를 즐기게 된 것이다.

"삶을 훌륭하게 가꾸어주는 것은 행복감이 아니라 깊이 빠져드는 몰입이다."

《몰입의 즐거움》의 칙센트미하이 박사는 자기만족을 위해 삶에서 몰입이 필요하다고 주장한다. 많은 사람들이 수동적인 자세로 시간을 때운다. 버스나 지하철, 까페에서 습관적으로 휴대전화를 사용하며 무의미하게 시간을 흘려보낸다. 막상 여가 시간이 주어져도 뭘 할지 고민만 하다 딱히 한 것도 없이 공허하게 써버릴 때도 있고, 월요일부터 다시 출근할 생각 때문에 제대로 즐기지 못하는 경우도 있다. 시간에 온전히 집중하지 못하고 감정과 에너지를 분산시킨 탓이다. 매 순간이 삶의 기회임을 잊은 채 지금도 시간은 제 몫을 다해 미래를 향해 흘러가는 중이다.

칙센트미하이 박사의 말에 따르면 일상에서 몰입을 경험하는 경우는 여가 시간보다 근무 시간이라고 한다. 일반적으로 일에는 여가와 달리 명확한 목표가 있기 때문이다. 일을 제외한 우리의 삶에서는 자신이 제대로 무언가를 하고 있는지 확인하기가 쉽지 않다. 우리가 평소 일상이 따분하다거나 불안하다고 느끼는 이유는 몰입의 결핍에 있다고 그는 주장한다.

'몰입을 습관화하기'는 주어진 시간을 얼마나 밀도 있게 사용하느냐에 달려 있다. 밀도 있는 시간 사용은 결국 자신의 집중력과 주인 의식에 달려 있다. 얼마나 그 순간에 흠뻑 빠져 있는가, 삶에서 무엇을 중요시하는가, 시간 속에서 명확히 자기 자신을 의식하는 사람만이 몰입을 경험할 수 있다.

여행지에서의 자기 모습을 상상해보자. 바뀐 환경은 무뎌져 있던 오감을 다시 본래의 컨디션으로 되돌려놓는다. 눈에 보이지 않는 공기의 냄새와 온도가 새롭게 느껴지고, 삼시 세끼 모두 맛과 향에 감탄하며, 쌀쌀한 바람은 고독과 낭만이라는 의미로 재해석할 줄 알고, 발바닥에 붙은 모래알의 까슬거리는 불편함도 기꺼이 받아들인다. 여행으로 들뜬 마음은 나를 시인으로 만들어 낯선 이에게 친절을 베푸는 인류애가 생겨나고, 어딜 가나 좋다는 소리가 입에서 무한반복된다. 단 한 시간이라도 더 머물고 싶고, 뭐라도 더 보고 싶고, 더 즐기고자 하는 마음에 같은 24시간이라도 여행지에서는 너무 짧게 느껴진다. 마음의 시간이 짧아진 만큼 여행자가 몰입을 경험했다는 증거다.

그런데 일상생활은 왜 여행처럼 값어치 있다고 여기지 못하는 걸까? 현실에 억눌린 채 살아간다고 느낄 때면 왜 어디론가 떠날 생각부터 하게 되는 걸까? 삶에서 여행과 같은 방식의 순간 몰입을 경험한다면 권태는 줄고 만족은 커지지 않을까?

시인 문정희의 베네치아 여행 후기를 읽은 적이 있다. 그녀는 '삶은 무엇인가'라는 질문을 스스로에게 던지며 답을 구하기 위해 물의 도시 베네치아로 향했다. 산만했던 현실을 벗어나 예술인으로서 갈망했던 자유와 고독을 되찾고 싶었던 그녀는 베네치아를 관광이 아닌 생활로 겪으며 도시의 부박함과 진정성의 부재에 실망한다. 그녀는 다시 짐을 꾸린다.

"베네치아의 새소리와 물결 소리는 나에게 삶은 대답이 아니라 질문이라고 알려주었다. (…) 나는 서둘러 가방을 쌌다. 베네치아대학교의 만류에도 불구하고 얼른 한국으로 돌아가서 주어진 삶을 살고 모국어로 시를 쓰고 싶었다."

우리 집 앞 산책로나 공원, 출근길의 버스정류장과 지하철역, 학교와 회사 근처의 조용한 공터, 자리는 협소하지만 커피 맛 하나는 일품인 동네 카페, 다른 길보다 유난히 나무가 우거진 사무실 뒤편의 오솔길, 지하철 두세 정거장이면 갈 수 있는 갤러리와 전시회장……. 밥벌이를 제외하고 한결같이 내 곁에 있어 준 삶의 요소들을 떠올려보자. 너무 당연하게 여겼던 존재들 말이다. 따지고 보면 이국의 것들과 크게 다를 바 없는 사람 사는 터전이다. 주어진 하루하루를 별 볼 일 없게 만든 건 환경이 아니라 자기 자신의 마음이다. 지금 창밖에는 언제나 그랬듯 파란 하늘과 시간의 흐름에 맞게 색을 갈아입는 중인 나무들, 지저귀는 새들이 우리의 시선을 맞이하고 있다. 일상의 진선미를 발견하지 못한 원인은 우리의 좁은 시야 탓이다. 제아무리 머나먼 곳으로 떠나는 거창한 여행이라도 결국 삶이라는 본질로 돌아오기 마련이다.

몇 개월 전, 가깝게 지내는 동생 하나가 이별을 겪은 뒤 상담을 청했다. 서른을 앞둔 만큼 결혼까지 생각할 정도로 진지했으며, 실연의 상처는 그 친구에게 너무 컸다. 그녀는 힘든 상황을 잊는 방법으로 여행은 어떤지를 물었다.

"어디라도 다녀오면 좀 나아지겠지, 언니? 이럴 땐 어디로 가는 게 좋을까?"

"환경이 바뀌면 잠시 그 남자를 잊을 수 있을 거야. 그치만 돌아온 뒤엔? 옛 생각이 전혀 들지 않을 거 같아? 당분간은 어딜 가서 뭘 하든 헤어진 뒤의 여운이 남기 마련이야. 떠나는 건 좋아. 하지만 결국 현실과 마주하며 슬픈 시간들을 즐기는 수밖에 없을걸. 아이러니하지만 말이야."

결국 그녀는 휴가를 내고 방콕으로 떠났고, 몇 주 뒤 연락이 왔다.

"언니 말이 맞네. 새로운 환경에 적응하면서 잠깐 잊을 순 있었는데 다시 복귀하고 나서 나한테 남은 건 예전과 크게 다를 바 없는 혼자라는 느낌이더라. 그냥 이겨내야 하나 봐."

더 나은 삶을 찾기 위해 떠날 준비부터 하는가? 도망치지 말고 피하고 싶었던 삶을 당당히 마주해보자. 행복은 타지의 새로운 것들에만 있지 않다. 내 안에 있음을 잊지 말고 오늘에 몰입해보자.

먼저 '지금 그리고 여기'를 되새겨라. 몰입의 습관화를 위해 우리가 늘 가슴속에 새겨야 하는 말이다. 뒤돌아보거나 너무 멀리 볼 필요도 없다. 그 수많은 '지금 이 순간'에 충실해 보는 것이다. 관심 에너지를 허투루 낭비하지 말자.

그리고 현재에 몰입하기 위해 산만해져 보자. 아이러니한 표현이긴 하나 '지금 그리고 여기'에 집중하기 위해 똑같은 환경일지라도 새로운 시각으로, 새로운 대상에 관심을 확장하라는 의미다. 사소한 일상의 요소들에 관심을 두고 애정 어린 시선으로 바라보면 늘 비슷하다고 느꼈던 하루하루가 주는 새로운 감동을 알게 되며, 결과와 목적에만 집중하느라 사라져버린 과정을 되찾을 수 있다.

마지막으로 일상의 몰입을 위해 작은 것에도 만족하고 기뻐해 보자. 삶을 향한 겸허한 마음으로 '지금 그리고 여기'를 즐기게 된다면 속도와 자극에 마비되었던 생활 감각을 되살릴 수 있다. 하루하루에 몰입하는 삶의 태도를 통해 인생이라는 먼 여정도 지치지 않고 뚜벅뚜벅 걸어나가는 근력을 기르게 된다. 질적으로 풍요로운 삶을 사는 일상여행자가 되자.

주변으로 시선을 돌려보자. 일상을 여행처럼 살 수 있는 몰입의 법

칙을 작동시켜 시야를 넓히고 현재를 음미하라. 여행지보다 가까이
있는 삶의 모든 순간이 시와 소설 같은 예술이 될 것이다. 여행이 필
요하다고 생각하는 그녀들과 다음의 글귀를 '지금 그리고 여기'서 나
누고 싶다.

"카르페 디엠. 받아들일 줄 안다면 덧없는 한순간보다 더 지속적
인 것도 없다."

하루 30분,
몸으로
살자

여행을 하거나 병에 걸리는 것, 이 둘의 공통점은 자기 자신을 되돌아본다는 것이다.
_다케우치 히토시

초등학생 시절, 천식을 심하게 앓고 난 뒤 내가 가장 무서워하게 된 과목은 체육이었다. 공부로는 다른 아이들을 이길 자신이 있었지만 운동에는 전혀 소질이 없었다. 몸으로 하는 수업은 늘 나에게 곤욕이었다. 가슴이 올라오고, 엉덩이가 커지기 시작한 5학년 때는 운동을 더욱 기피했다. 천식이라는 이상 질병을 이유로 체육 수업의 절반 이상을 빠지곤 했다. 왜소한 체격과 약한 체력은 내 몸에 자신이 없게 만들었고, 움직이기보다 책을 좋아하는 정적인 성격의 사춘기 소녀로 자랐다.

'취미: 마라톤 10km 경기 출전, 조깅, 자전거, 요가.'

어느 운동 마니아의 취미가 아니다. 과거 체육 시간을 두려워했던 소녀의 10년 후 이력서에 기재된 취미 활동이다. 이제 나에게 몸을 쓰는 일은 하루일과 가운데 절대 빼놓을 수 없는 일이 되었다. 몸치가 그 누구보다 운동을 즐기게 된 데는 프랑스 유학생이었던 20대 초반, 여행을 시작하고 나서부터였다.

10대 시절, 운동은 점수로 매겨지는 성적표이자 또래 친구들과의 경쟁이었다. 그러나 여행에서의 움직임은 달랐다. 일단 여행은 경쟁자가 없다. 길 위에서 여행자인 나 혼자서 움직이면 된다. 또한 잘하고 못하고 객관적인 평가도 필요하지 않다. 이동의 주체로서 주인공인 자신의 페이스에 상황을 맡기고 즐기기만 하면 된다. 여행에서 이동은 몸 쓰기에 대한 과거의 두려움을 허물어줌과 동시에 '움직임'을 통해 내면으로부터 되살아나는 활력을 알게 해주었다. 두 다리로 길 위를 헤매고, 두 손으로 세상을 만지고, 코와 입으로 삶의 다양한 향기와 식감을 맛보며 내 안에 갇혀 있던 생명 에너지를 느낄 수 있었다.

정적인 틀에서 벗어나 새로운 감각을 경험하는 것을 사랑하게 된 나에게 평소 운동은 장거리 여행을 대신한 또 하나의 일상 여행법이었다. 20대들은 안정을 바라지만 그들의 인생 여정에 안정기란 절대 없다. 학점 관리, 스펙 쌓기, 취업 준비, 입사 후 적응, 여러 번의 연애와 이별, 결혼에 대한 고민과 어려움……. 험준한 산이 끝없이 등장한다. 목표 달성을 위한 세상과의 치열한 싸움이 있을 뿐이다. 세상이 규정한 제약과 나이에 따른 각각의 의무들이 내 숨통을 억누를 때 내게 필요한 건 '몸 쓰기'였다. 매번 힘들 때마다 가방을 싸고 떠날 수는 없는 노릇이었다.

여행은 나에게 닥친 문제를 낯선 공간이라는 외부에서 위로받고 해결방법을 찾기 위한 것이었다. 환경의 전환이 사고의 전환, 기분의 전환을 도와줄 거라는 믿음이 있었다. 길 위에서 답을 구할 때마다 결과적으로 해결의 실마리는 늘 내 안에 있었다.

첫 번째 회사로부터 일방적인 해고 통보를 받았을 때는 막막하기만 했다. 만만치 않은 취업 장벽을 경험한 후로 재취업에 대한 두려움과 미래에 대한 불안감이 나를 괴롭혔고, 실직의 고통을 잊기 위해 찾은 것은 산책로였다.

27살에 겪은 갑작스러운 해고 경험은 인생 계획을 포함해 내 머릿속 전체를 뒤죽박죽으로 헝클어놓았고, 나에게는 혼란스러움을 정리할 시간이 필요했다. 걷고 또 걸으며 해고의 억울함과 상처를 덜어냈다. 평일 아침, 한산한 서촌 산책로를 따라 목적지 없이 걷곤 했다. 산책은 어디에 가기 위한 이동이 아니라 그저 움직이며 머리를 비우는 정화의식 같은 행위였다.

그걸로 충분히 해소되지 않으면 한강공원으로 가서 자전거를 실컷 타고 돌아왔다. 여의나루에서부터 잠실까지, 때때로 이촌부터 서울숲까지. 가만히 앉아 상황을 이겨낼 방법을 고민하는 것보다 내 몸을 움직이며 피부와 근육의 열기와 뻐근함에 몰입하는 편이 나을 때도 있다. 오직 몸의 움직임만이 있는 시간 속에서 세상이 내게 던져 놓은 두려움은 이미 뒷전으로 밀려난 감정에 불과했다. 머리싸움으로 살아왔던 나는 몸 쓰기를 하며 시간을 보내는 것을 점점 좋아하게 되었고, 내면의 답도 찾을 수 있었다. 자신감을 얻은 나는 얼마 지나지 않아 더 좋은 조건으로 다른 회사에 입사했다.

"며칠씩 책을 읽거나 글을 쓰고 나면 내 몸의 존재감과 삶의 중량감이 희박해진다. 살아 있다는 생명 현상이 명료하고 치열하게 다가오지 않고 희뿌옇게 멀어져간다. 그런 날에는 자전거를 타고 들에 나간다. 자전거를 타고 봄의 강가나 숲 속을 달리면서 나는 나 자신의 몸과 삶과 생각 사이의 직접성을 회복한다. (…) 내 몸의 힘으로 이 바퀴를 굴려서 앞으로 나아갈 때, 나는 자유를 느낀다."

"자전거는 내 몸이다"라고 표현할 정도로 자전거 마니아로 잘 알려진 소설가 김훈의 이야기다. 글을 업으로 삼은 정적인 생활에서 그가 진정으로 필요했던 것은 글감이 아닌 생명 현상이었다. 마찬가지로 항상 해야 하는 일이 줄 서서 기다리고 있는 우리에게는 자기 자신만의 리듬을 되찾는 행위가 삶의 균형을 위해 중요하다. 이 사실을 알고는 있지만 정작 실천하기란 쉽지 않다. 숲 한가운데서는 숲을 보지 못한다는 말처럼 당장 발밑의 목표와 성공에 몰두하다 보면 근본적인 것들을 배제하기에 십상이나. 속도와 결과에 종속된 나머지 눈앞에 보이는 나무 몇 그루로 숲 전체를 판단하려는 성급함은 숲에서 길을 잃게 한다. 숲의 크기가 대체 얼마나 되는지, 나는 지금 숲의 어느 지점이 있는지 알아야 길을 찾을 수 있다.

하루 종일 외부 공기와 차단된 꽉 막힌 실내에서 컴퓨터와 스마트폰과의 관계로 삶의 진짜 관계를 잊고 지낸다. 대신 뻣뻣해진 목과 무릎, 구부정해진 허리를 얻는다. 틀에서 벗어나 움츠러든 몸을 펴고 나라는 사람의 존재, 생명, 자유, 단순한 기쁨 등 인생 전체를 이루고 있는 요소들과 자신과의 관계를 되찾아야 한다. 바로 몸과 정신의 균형이다.

머리싸움으로 살아가는 환경 속에서 우리는 몸과 정신의 불안정에 길들어간다. 머리가 알지 못하는 것들, 몸으로 느낄 수 있는 삶의 부분들을 되찾기 위해 움직여야 한다. 심장의 강한 뜀박질을 느껴보자. 피부에 닿는 공기의 촉감, 움직임을 통해 부풀어진 근육의 적당한 피로감은 일상 속에서 불균형하게 흐트러진 에너지를 균형 있게 분배해주는 활력이다.

산책을 즐겼던 니체는《즐거운 학문》에서 몸 쓰기에 관해 다음과 같이 예찬한다.

"우리는 책 사이에서만, 책을 읽어야만 비로소 사상으로 나아가는 그런 존재가 아니다. 야외에서, 특히 길 자체가 사색을 열어주는 고독한 산이나 바닷가에서 생각하고, 걷고, 뛰어오르고, 산을 오르고, 춤추는 것이 우리의 습관이다."

우리는 평소 기분전환을 위해 영화를 보고 책을 읽거나 어디론가 여행을 떠나고자 한다. 앞서 말했듯 무료함과 상처를 위안받고 즐거워지기 위해 늘 외부의 새로운 대상을 갈망한다. 그러나 아침부터 늦은 저녁까지 해야 하는 일들로 꽉 찬 부담스러운 일상에서 수고스럽게 그 대상을 멀리서 찾을 필요가 없다. 잠시 짬을 내어 모든 짐을 내려놓은 채 산책을 하거나, 오랫동안 창고에 먼지만 쌓여가는 자전거를 꺼내 강가를 돌아도 좋고, 아직 제대로 신어보지 못한 조깅화의 끈을 질끈 묶어 동네 한 바퀴를 뛰어도 좋다. 단 30분이면 된다.

나도 모르게 습관이 되어버린 불균형한 삶으로부터 나를 잠시 해방시켜보자. 내 몸속에서 느껴지는 생명력을 통해 즐거움과 자유를 얻을 수 있다. 하루 30분 몸 쓰기를 꾸준히 실천하기만 한다면 그 어떤 여행보다 삶의 활력소가 될 것이다. 결국 여행의 본질도, 여행을 통해 얻으려는 것도 삶이니까. 내가 살아 있음을 깨닫는 여정이니까.

때로는 과식으로 더부룩했던 배를 숨 쉬게 해줘야 한다. 이제 꽉 조인 벨트를 풀어주고 마음껏 호흡할 시간이다. 둔감해졌던 육체가 사회의 굴레에서 잠시 벗어날 수 있도록 자유롭게 들숨과 날숨을 들이고 내뱉어보자. 내 몸에 집중하는 하루 30분이면 누구나 자유인이 될 수 있다. 그 무엇보다 내 몸을 먼저 사랑하라.

여행으로
만나게 되는 것은
자기 자신

자식을 성공시키려면 일찍부터 여행을 시켜라.
_서양 속담

"안 보이니 차라리 두렵지 않다."

시각장애인으로 세계 대륙횡단과 전 세계의 최고봉에 도전하는 모험가 송경태가 어느 인터뷰에서 남긴 말이다. '장애인 세계 최초'라는 수식어와 함께 세계를 놀라게 한 그의 여행기는 비장애인들에게도 보이는 것만이 전부가 아님을 깨닫게 해준다. 안 보이는데 어떻게 산을 오르고 사막을 달리느냐는 기자의 질문에 그는 "안보이니까 할 수 있다"고 답한다. 안 보이니까 시각이 아닌 다른 감각으로 세상을 체험하기 위해 직접 가보는 것이다. 시각의 세계가 전부는 아니라고 말하는 모험가가 바람, 나무, 흙, 동물의 소리와 냄새, 촉감의 차이를 통해 느끼는 세계는 정상적으로 볼 수 있기에 가보지 않고 사진만으로 장소를 지레짐작하는 우리들의 세계와 완전히 다르다. 그는 안나푸르나, 임자체, 에베레스트, 사하라 사막까지 여행을 좋아한다는 사람들도 쉽게 가볼 용기를 내지 못하는 오지를 한 걸음 한 걸음 도전하며 앞이 보이지 않는 장애를 기회로 극복했다.

보이지 않는 특별한 세계는, 확실하다는 믿음을 주는 시각의 세계가 때로는 불필요한 두려움을 줄 수도 있다는 메시지를 전한다. 우리가 두 눈을 뜨고도 발견하지 못하는 진귀한 세계까지 경험하는 그는 어쩌면 정상인보다 수준 높은 여행을 하고 있는지도 모른다. 보이지 않아 온전히 내 것으로 만드는 세상과 보이기 때문에 충분히 느끼고 즐기지 못하는 세상, 우리는 어떤 세상에서 살고 있는 걸까? 내가 속한 사회와 문화의 관점 안에서 세상을 읽고 있지 않은가?

일본여행을 계획하고 있던 지인인 31살 동갑내기 K를 만났다. 4년 만에 가는 해외여행인지라 들뜬 상태에서 나에게 여행지에 대한 이야기 보따리를 사정없이 풀어놓았다. 여행에 대한 기대에다 준비성 하나는 철저한 성격 때문인지 그녀가 수집한 정보의 양은 실로 엄청났다. 그러나 지인의 일본여행은 그녀의 것이라기보다 수많은 누군가의 것을 짬뽕해놓은 듯한 느낌이었다.

"이 레스토랑은 여행 포스팅으로 유명한 파워블로거가 맛있다고 했어. 여긴 여행 잡지 기사에 실린 장소고. 베스트셀러 가이드북 ○○ 알지? 그 책에서 추천한 쇼핑목록은 꼭 사 들고 와야 한대."

수많은 사전 정보로 일정이 꽉 차버린 K의 여행은 이미 예견되어 있었다. 전문가라는 타이틀을 가진 다른 사람의 의견에 점령당한 그녀의 여행은 사전 정보들을 직접 눈으로 확인하는 여정일 뿐이며, 남는 거라곤 음식 사진과 기념품일 것이다.

남의 생각이 너무나 자연스럽게 자기 생각으로 대체되는 세상에서 우리가 소위 팩트라고 여기는 정보들, 평점과 유행 문화는 개인의 감각을 마비시킨다. 어떤 것이 순수한 내 의견인지 혼란스러울 정도로 생각하는 법과 느끼는 법을 잃어버리고 살고 있다.

독일 저널리스트 마이케 빈네무트는 TV쇼 우승상금으로 시드니, 호놀룰루, 부에노스아이레스, 런던, 뭄바이 등 한 달에 한 도시씩 살아보기로 결심한다. 그녀는 저서 《나는 떠났다 그리고 자유를 배웠다》에서 1년 동안 매달 새로운 환경에 적응하는 경험을 통해 진정한 행복과 자유에 대해 재고하게 되었다고 말한다.

"영어에 '세렌디피티(serendipity)'라는 멋진 단어가 있어. '뜻밖의 행운'이라는 뜻이지. 이 뜻밖의 행운이 올해 내 삶의 주제가 될 것 같은 예감이야. 우연히 낯선 것을 만나고 호기심이 이끄는 대로 그 낯선 것을 따라가기. 내게 허락된 최고의 호사지. 전에는 뭔가 해내야 한다는 강박 때문에 마치 좁은 복도에 갇혀 옴짝달싹 못 하는 기분을 자주 느꼈어. (…) 어느 순간부터는 즐거움을 쫓을 생각조차 안 했다고 해야 맞을 거야."

사회의 기준, 타인과의 비교를 통해서 자기 삶에 만족을 느끼고, 남의 생각을 손쉽게 사실이라고 믿는 우리에게 과연 세렌디피티가 존재할까? 볼 수 없는 것보다 더 큰 비극은 볼 수 있어도 제대로 보지 않는 것이다. 행운처럼 다가오는 신선한 아이디어와 느낌이 찾아올 '틈'을 마련해주어야 한다. 사실이라고 믿는 것들보다 중요한 것은 자기 자신만의 느낌이다.

인생의 세렌디피티를 만난 두 사람, 한 달에 한 도시씩을 여행하는 마이케 빈네무트와 시각장애를 오지 모험의 기회로 삼은 송경태에게는 공통점이 있다. 둘 다 모두 자기감정에 솔직할 수 있는 여유와 용기로 행동했다는 사실이다.

행복을 찾은 여행자들의 사례는 일상에서도 적용할 수 있다. 성공과 행복에 강박관념을 가진 사회는 효율적인 방법과 실패를 줄이는 정답부터 단도직입적으로 요구한다. 그런 분위기 속에서 살아가느라 스스로 만들어갈 수 있어도 만들지 않는 사람들은 여행뿐만 아니라 인생 전체에서 '즐거움'이라는 세렌디피티는 손에 넣기 힘들 것이다. 즐겁지 않은 여행, 만족스럽지 못했던 지난 과거의 기억은 모두 자기 자신에게 솔직하지 못했기 때문이다.

여행에서 돌아온 K에게 일본은 어땠느냐고 물었다. 4년 만에 비행기를 타고 국경 너머에서 만난 새로운 세상이 얼마나 좋았느냐고 하자, 그녀는 차분하게 말했다.

"일본이야 워낙 잘 알려졌으니 예상하고 똑같던걸? 추천하는 대로 먹고 구경하고…… 일본여행이 무슨 오지 탐험도 아니고, 다들 그렇잖아."

K가 보여주는 셀카로 가득한 수많은 여행사진 속에서 가는 곳마다 인증사진 남기기에 바빴을 모습이 그려졌다. 여행자의 감흥보다 흔적 남기기에 애쓴 여행은 주인공을 잃어 맥 빠진 이야기 같았다.

생활의 만족도를 높이기 위해 우리에게 필요한 자세 중 하나는 자기 느낌에 충실하기다. 남의 잣대로 자기 삶을 평가하는 것, 좋지도 않은데 좋은 척하는 것, 누릴 수 있어도 막연한 두려움 때문에 누리지 못하는 것은 결국 삶의 행복지수를 떨어뜨리는 자기 손해다.

감정을 숨기지 말자

여행지에서 해방감을 맛보았을 때 어땠는가? 내가 누군지 결코 중요하지 않은 이방의 도시에서 잠시나마 본인의 감정에 오롯이 집중한다. 이방인은 주변을 크게 신경 쓸 필요가 없이 자신의 즐거움을 누릴 수 있다. 반면 일상에서는 이방인이 되지 않기 위해 조직의 눈치를 보고 사회 분위기를 따라간다. 주어진 환경에서 자기감정을 적정한 선에서 표출하며 살자. 지금 거울을 보고 굳어져 있는 얼굴에 미소를 지어보라. 아침에 일어나 오늘은 뭐부터 해야 하나를 생각하기 전에 오늘 기분은 어떤지 스스로에게 말을 걸어보자. 남을 먼저 배려하기보다 우선 나 자신을 이해해야 한다.

직접 경험이 가장 중요하다

우리는 수많은 정보전달 매체를 통해 세상을 안다고 생각한다. 책과 TV, 웹사이트, 인기 블로그에서 봤던 익숙한 음식 메뉴, 여행 장소를 실제로 가보고 맛보았을 때 과연 기존에 누군가가 기술해놓은 그대로였는지 되짚어보자. 무조건 낭만적이라고 생각했던 프랑스 에펠탑을 녹슨 듯한 갈색의 거대한 고철 덩어리로 느꼈을 수도 있고, 다들 좋다던 하와이 와이키키 해변보다 부산 해운대 해변을 훨씬 이국적이며 아름답다고 생각했을 수도 있다. 섣부른 판단은 세상을 대하는 오만이다. 자세히 들여다보고 또 들어보고 맛보고 냄새 맡을수록 대상에 대한 인식의 범위는 깊어진다. 지식보다 감각의 양과 질에 중점을 두자. 세상에서 영향을 받은 생각을 그대로 믿지 말고 자신의 감각을 믿자.

내 삶에서 나 스스로 감정노동자가 되지 말자.
"네가 진짜로 느끼는 게 뭐야?"
내 가슴에 당당히 요구하라. 온전한 내 느낌은 곧 세상에 밀리지 않고 진짜 인생을 누리는 세렌디피티를 가져다줄 것이다.

길 위에서 만드는
나만의
길

여행은 무엇보다도 위대하고 엄격한 학문과 같은 것이다.

_카뮈

《달과 6펜스》, 《그리스인 조르바》, 《돈키호테》.
누구나 잘 아는 세계적인 문학작품이다. 그리고 이 소설들에는 여행을 꿈꾸고 좋아하는 우리가 주목해야 할 공통점이 있다. 하나같이 광기(狂氣)로 세상을 유랑했던 여행자가 주인공이라는 사실이다. 돈키호테는 기사가 되겠다는 이상 하나로 스페인을 누볐으며, 몸과 마음이 가는 대로 자유를 찾아다닌 조르바는 지중해에서부터 시베리아까지 갔고, 《달과 6펜스》의 영국인 스트릭랜드는 화가의 꿈을 위해 파리에 머물다 타히티에서 정착했다. 세 인물 모두 쉼 없이 움직이는 모태 노마드족이다.

그들의 여행은 특별한 계획도 없이 단순했지만 남다른 강렬함이 있었다. 남들이 미쳤다고 비난할 정도로 뚜렷한 자신만의 삶의 목표가 여행을 이끌었고, 목표를 위해 과감히 '떠남'이라는 행동으로 옮겼다. 여행을 위한 여행이 아니라 나와 내 인생을 위한 여행이었다. 세 여행자는 하나같이 눈에 보이는 사실에 아랑곳하지 않는다. 돈이나 타인의 시선, 원리원칙도 거부한 채 세상을 바라보는 독자적인 시선으로 부유(浮遊)의 삶을 즐긴다. 모태 노마드족 3인방에게 생존이란 밥벌이가 아니라 자아실현이었다. 보이는 것과 보이지 않는 것의 경계를 허무는 문제아적 삶, 세월이 지난 지금까지도 자유와 욕망을 상징하는 캐릭터로 언급되는 그들의 마력이다. 엉뚱하고 황당해 보이는 여정은 그들 인생 최고의 여행이자, 만인에게는 절대 잊지 못할 '미친' 업적으로 남았다.

"한 번쯤 미친 척해보라"는 말은 평균 이상의 무모함이 깃든 용기가 필요한 상황에서 쓴다. 그래서일까? 겁 많은 우리의 인생에는 정도를 벗어난 그 무엇도 위험의 대상이었다. 남들이 하지 않은 범위 밖의 일에 도전하기란 피곤한 짓이며, 인생에서 실패할 확률도 높아진다고 생각한다. 여행도 인생의 진로를 결정할 때도 안정성을 최우선으로 따지는 사람들의 인생은 인류의 '히스토리' 범주 안에 있지만, 그들만의 '스토리'는 없다.

안 가본 데에 눈을 돌리는 것도 좋지만, 안 해본 것에 관심을 갖고 그 자체로 평가하는 것은 어떨까? 서울대학교를 졸업한 증권사 애널

리스트 출신의 중년이 고향으로 내려가 9급 공무원에 지원하고, 대기업을 박차고 나와 어린 시절 꿈이었던 피자가게 사장이 되고, 전세금으로 세계여행을 감행하는 부부들이 등장하는 마당에 세상 사는 법칙과 정답이 어디 있을까? 예상 밖의 우연을 짜릿한 인연으로 만드는 재치로, 문득 떠오른 생각을 행동으로 옮겨보는 작은 용기로, 일상에서 약간의 똘끼를 발휘하는 괴짜다움으로 삶의 스토리를 만들어보는 것이다.

과거의 경험과 지식으로 지어진 생각의 울타리를 뛰어넘는 것에서부터 여행하듯 흥 나게 인생을 살 수 있다. 이제 세상과 나 사이에서 갑을 관계를 확실히 정리하고 역발상과 모험에 긍정하는 '트러블 메이커'가 되어 길 위에 나만의 길을 새로이 쓰는 '트래블 메이커'가 되어야 한다.

나는 허술함 투성이다. 좋게 말하면 많이 긍정적이고 까놓고 말하자면 물러터진 덜렁이다. 일상에서나 여행에서나 꼼꼼하지 못한 데다, 관심거리를 제외하곤 어찌나 잘 잊어버리는지 하는 것마다 구멍이 생기기 일쑤다. 워낙 걱정을 모르고 겁도 없어서 "닥치면 다 해!", "이가 없으면 잇몸이라도!"를 외치며 문제가 생겨도 불만 없이 처리하며 살아온 무대뽀였다. 완벽주의자와 지구 반대편 거리만큼이나 머나먼 성격은 주변 사람들이 보기엔 불안 불안했어도, 자의나 타의에서 생겨난 구멍을 반전의 낭만으로 만들기도 했다. 예상 밖으로 생긴 구멍을 다시 채워가면서 새로운 방향으로 도전하길 좋아하는 성항이 되었다. 부모님마저 예측 불가능한 나를 보고 '완전 또라이'라고 부를 정도였다. 그럴 때마다 무대뽀는 답했다.

"완벽하지 않은 또라이가 여행하기 더 쉬워."

열차표를 잘못 읽어 기차를 놓쳤을 때, 다음 차를 기다리는 5시간 동안 얻은 건 또 하나의 여행지로서 기차역의 생생한 풍경이었다. 국경일인 줄 모르고 찾아간 베트남에서 상점이 절반 이상 닫았을 때, 계획했던 관광지 대신 사람 냄새 나는 베트남 골목을 체험했다. 지하철을 반대방향으로 타서 그날의 목적지를 포기했지만, 파리의 노선도에서 이름이 마음에 드는 또 다른 장소를 여행할 수 있었다. 새벽 비행기 스케줄 때문에 밤을 새울 수밖에 없었던 상황에서는 알랭 드 보통의 에세이 《공항에서 일주일을》에 버금가는 '인천공항에서 12시간'을 겪으며 떠나고 도착하는 장소 외에 공항의 새로운 면을 발견하기도 했다.

이것이 또라이가 여행을 잘하는 법이다. 실수나 예상 밖의 상황을 잘 활용하면, 규칙을 벗어난 삶을 예술로 만들 수 있기 때문이다. 결함을 흠이 아닌 특별함으로 생각할 때, 도전을 두려움이 아니라 신선함으로 여길 때 '노잼' 인생이 다르게 다가올 것이다. 못 보던 것이 눈에 들어오기 시작하고 행동에 대담함이 생긴다. 안정된 삶을 핑계로 정해진 틀 안에서만 행동하려는 사람에게 '거꾸로' 시각이 필요한 이유다.

소설가 정유정은 태어나서 단 한 번도 비행기를 타고 국경을 넘어본 적이 없었다. 청춘을 창작에 바쳤던 골방 체질의 그녀가 마흔이 넘어 택한 첫 여행지는 안나푸르나였다.

"우리는 죽을 때까지 아이인 동시에 어른인 셈이다. 삶을 배우면서 죽음을 체득해가는 존재. 나는 안나푸르나에서 비로소, 혹은 운 좋게 어른의 문턱을 넘었다."

길치에 붙임성 제로인 그녀의 여행선언에 남편은 물론 결사반대했다. 그러나 작가로서, 인간으로서 열정이 식어버린 정유정의 절실한 여행 의지는 꺾을 수 없었다. 여기 대신 저기라는 차선 여행지도 없었다. 마치 예술을 향한 광기 섞인 욕망 하나로 타히티로 건너간 스트릭랜드처럼. 생애 첫 여행지인 안나푸르나의 고개를 넘으며 그녀는 인생의 슬럼프와 자신의 한계도 넘어설 수 있었다. 여행은 어디까지 얼마나 오래 가느냐가 아니라, 어떻게 자신을 넘어서느냐로 결정되는 게임이다.

이 책에서 소개한 생활여행가의 여행 팁을 하나씩 따져보면 지극히 평범해 보이는 내용이다.

여행 버킷리스트를 만들어라, 모범답안이란 없다, 길도 잃어보자, 종이와 펜을 사용하자, 자투리 시간을 활용하자, 동네여행을 하자…….

그러나 막상 익숙해진 삶의 패턴에서 벗어나 새로운 행동을 하기란 쉽지 않다. 여행을 단 한 번의 이벤트로 끝내지 않고 일상으로 끌어와 함께하기 위해서는 내 안에 숨어 있는 똘끼를 찾아야 한다. 해야 하는 일을 내려놓고 새로운 사고와 행동이 삶으로 들어올 틈을 만드는, 변화에 대한 두려움을 이겨내고 실천하는 용기를 발휘하는 똘끼, 그것이 바로 자기 혁명의 시작이다.

인류와 함께 발전해온 유랑의 역사가 말해주듯 여행은 탈출, 해방, 자유, 행복이라는 인간 본연의 욕망으로 시작된 절대 통제할 수 없는 행동이다. 우리가 가끔 떠나고 싶다고 생각하는 여행이라는 꿈은 사실 온종일 꿈꾸어도 마땅한 자연스러운 본능일지도 모른다. 숨 쉬고, 밥을 먹고, 잠을 자고, 걸어 다니는 것처럼 생활에 필수적인 요소다. 아마 자유로운 감성과 사고방식, 행동은 반복하는 삶의 패턴을 숙명으로 받아들이며 사는 우리가 당연히 누려야 할 권리가 아닐까? 번뜩 떠오르는 영감을 존중하자. 기쁨을 표현하는 자유를 포기하지 말자. 문제를 변화의 기회로 받아들이자. 길 위에 나만의 길을 새로이 만드는 트래블 메이커로 살자. 여자에게 여행이 필요할 때는 바로 매일매일, 지금 이 순간이다.

떠나지 못해도
언제든지 여행 가능한 여자

이 책을 쓰는 동안 나는 떠나지 못하는 여행자였다. 결혼 후 허니문 베이비로 단번에 엄마 타이틀을 달게 되면서 평생 팔자라고 믿었던 '역마살'에 급격한 변화가 생겼기 때문이다. 자기중심적인 싱글로 사는 것에 익숙했던 나에게 엄마라는 역할의 도전은 여행의 도전에 비교할 수 없을 정도로 어려웠다. 몸은 물론이고 감수성마저 극도로 민감해졌다. 아기를 위한 심신 안정에 내 욕심을 양보할 수밖에 없는 40주라는 기간에 비행기, 장시간 버스, 기차 이동은 무리였다. 여행의 낭만이라 여기며 맘껏 즐겼던 커피는 하루에 한 잔만 마셨고 음주도 당분간 금지였다. 여행가의 삶으로는 절망적으로 보이지만, 발이 묶인 상황은 오히려 새로운 행동방식으로 삶을 사는 기회를 주었다.
　저절로 느려진 걸음걸이와 함께 시선의 속도도 늦춰졌다. 하나의 대상에 시선을 오래 고정할수록 순간순간에 대한 감각은 확대되고, 시간에 무게감이 더해졌다. 겉보기에 똑같아 보이는 일상의 부분들이 마주칠 때마다 새롭게 보이기 시작했다. 일상의 평범함도 특별하게 다가왔다. 물리적으로 떠나지 않아도 여행은 언제 어디서든지 가능했다. 차 한 잔과 함께, 좋아하는 책과 함께, 집 앞 공원에서, 지하철에서 나는 매일 여행자가 되었다. 더불어 나의 '식스 센스'인 상상력은 일상을 여행처럼 대할 수 있도록 보이지 않는 의미부여의 세계로 나를 인도해주었다. 세상을 새롭게 읽어내는 힘, 삶을 여행처럼 사는 진정한 힘은 바로 여행지가 아닌 여행자의 자세에 있었다.

여자는 여행에 최적화된 존재다. 남자보다 풍부한 감성으로 사소한 것에서도 낭만을 캐치하고, 부드러움으로 친화력을 발휘할 수 있으며, 강한 인내심으로 불편함도 이겨낼 수 있다. 이런 장점을 활용해 예비 엄마이자 여자로서 주어진 시공간을 여행하듯 살았고, 나만의 여정을 만들어나갔다. '생존'을 위해 떠남을 즐겼던 나는 이 책을 쓰는 내내 매일매일을 여행하는 생활여행자가 되어 나라는 여자의 '실존'에 대한 답을 얻게 되었다.

"나는 이동한다. 고로 존재한다!"

이제 자신 있게 말할 수 있다. 여행은 어디로 가면 좋을지보다 나는 받아들일 준비가 되었는가부터 고민하는 것이 맞다고.

"여행은 무엇무엇이다"라는 다양한 정의를 책 속 여기저기에 담았지만 마지막 페이지인 에필로그에서 여행의 정의를 다시 비워두려 한다.

"여행은 ○○이다."

여행에 대한 진짜 정의는 각자의 여정을 시작한 독자들의 몫이다. 여행은 무한하기에, 비정형적이기에. 눈을 크게 뜨고 호흡을 가다듬으며 멈칫거렸던 발을 일단 내디뎌보자. 내가 숨 쉬고 있는 지금 그리고 여기에서부터 각자 자기 자신만의 근사한 드라마가 시작될 것이다. 생존을 넘어 실존을 찾기 위한 유쾌한 여행법, 생활여행은 바로 지금부터다.

진정한 나를 찾아가는 아주 특별한 여행의 기술

여자에게 여행이 필요할 때

초판 1쇄 발행 2016년 1월 20일
초판 2쇄 발행 2016년 1월 25일

지은이 조예은

펴낸이 민혜영
펴낸곳 카시오페아
주소 서울시 마포구 월드컵북로 400 문화콘텐츠센터 5층 출판지식창업보육센터 8호
전화 070-4233-6533 **| 팩스** 070-4156-6533
홈페이지 www.cassiopeiabook.com **| 전자우편** cassiopeiabook@gmail.com
출판등록 2012년 12월 27일 제385-2012-000069호
디자인 김진디자인

ISBN 979-11-85952-29-1
이 도서의 국립중앙도서관 출판시도서목록(CIP)은 서지정보유통지원시스템 홈페이지(http://seoji.nl.go.kr)와
국가자료공동목록시스템(http://www.nl.go.kr/kolisnet)에서 이용하실 수 있습니다.
(CIP제어번호 : CIP2015034486)